KB191276

수레는 사라지고
산도 무너지다

붓다의 · 가르침을 · 오늘의 · 언어로 · 말하다 　　　박호석 지음

수레는 사라지고 산도 무너지다

왜 우리는 부처님 당시의 언어를 고집해야 하는가?
붓다의 가르침을 지금의 생각과 언어로 설명할 수는 없는가?

생각나눔

머리말

『금강경金剛經』산림법회山林法會를 하시려는 한 스님께 드린 말씀이다.

"『금강경』은 2천 6백 년 전에 부처님이 당시의 사고와 언어로 하신 말씀인데, 왜 지금 그것으로 법회를 하시려 합니까?"

『금강경』은 조계종은 물론, 한국불교의 소의경전所依經典이자 불자들이 가장 많이 공부하는 경전입니다. 하지만, 보통 사람들은 이해하기가 너무 어려워 손사래를 치기 일쑤입니다. 그러나 『금강경』의 핵심이 무상無相·무아無我·무소주無所住라고 한다면, 이는 현대의 사고와 언어로 설명하면 고등학교 수준의 지식을 가진 사람이면 누구나 쉽게 이해하고 납득할 수 있는 가르침입니다. 실제로 군 법회에서 장병들에게 그렇게 설명해보니 이를 금세 이해하는 것은 물론이고, 젊은이들이 불교에 대해 새로운 시각을 가지는 것을 확인할 수 있었습니다.

다시 말해서, 무상과 무아를 현대의 과학으로 설명하면 쉽게 이해하는 것을 굳이 부처님 당시의 어려운 표현인『금강경』으로 배울 필요는 없을 것입니다. 더구나 과학을 통해 무상과 무아를 확인하고『금강경』을 읽으면 이해가 쉬운 것은 물론이고, 2천 6백 년 전에 붓다가 어떻게 이런 사유를 하셨는지 감탄하고 감동하여 더욱 부처님을 존경하고 믿는 마음이 솟구치게 됩니다.

그런데 왜 우리는 부처님 당시의 언어를 고집해야 하는가? 붓다의 가르침을 지금의 생각과 언어로 설명할 수는 없는가? 붓다의 가르침이 그렇게 어렵고 난해한 것은 아니지 않는가?

평생을 연구와 교육에만 봉직해온 자연과학도로서 어쩌면 당연한 의문이었습니다. 그리고 붓다의 가르침은 참으로 쉬운데 우리가 너무 어렵게 배우고 있다고 생각했습니다. 그런 생각에서 이 글을 써보았습니다. 수필이라는 형식을 빌려 불교의 핵심을 설명해보고 싶었습니다.

수레는
사라지고
산도
무너지다

그리고 그러한 관점에서 이웃 종교의 가르침도 살펴보고, 우리 불교의 소소한 문제점도 짚어보았습니다. 말미에는 필자가 어떤 인연으로 선지식을 만나 공부의 길로 들어섰는지 그 경험을 적어보았습니다.

혹시 어설픈 상식으로 젠체하는 것은 아닌지 스스로를 경계도 하고, 서툰 글 솜씨로 자신의 부족함을 가리려 하지는 않는지를 성찰하면서도 기어이 출판이라는 만심을 부렸습니다. 거기에는 출판이 나름대로 의미 있는 시도라는 생각이 컸습니다. 독자 여러분의 따끔한 견책을 기대합니다.

불기 2559년(2015년) 늦가을에
고양 세솔리 세심재에서

차례

예수님이나　3장
부처님이나

살며　　　4장
생각하며

차례

7장
수레는
사라지고
산도
무너지다

1장

세계는
팽창하고 수축한다

2천 6백여 년 전에 이미 붓다는 오늘날의 첨단과학의 논리를 폈습니다.
그래서 불교는 다른 종교와는 달리 현대의 과학적 지식과 충돌하지 않고,
오히려 과학적 상상을 선도합니다.

그러므로 붓다의 가르침은 오늘 우리의 삶에 등불이 됩니다.

백금白金이라도
영원하지 않다

    선가禪家에서 수행자가 함께 공부하는 큰 방에 각자의 이름을 붙여 정한 자리를 '단위單位'라고 합니다. 한번 자리가 정해지면 그것으로 선방생활의 기준이 되고, 또 함부로 바꿀 수 없다는 의미로, 이 말이 길이·넓이·무게 따위의 크기를 수치로 나타내기 위하여 물리학에서 정한 기준인 'unit'의 번역어로 사용되고 있습니다.

    인류문명이 발달하면서 물리량을 측정하는 자나 저울과 같은 도량형度量衡이 생겨나기 시작했는데, 처음에는 대부분의 기준을 사람의 신체와 연관하여 정했습니다. 이를테면 손가락의 두께, 뼘이나 보폭步幅 등을 기준으로 길이나 면적을 산정하는 것이지요. 그러나 국가가 성립되고 과학이 발달하면서 더욱 정확한 도량형 기준이 필요했고, 그래서 여러 가지의 단위체계가 발달하였습니다.

영국의 피트-파운드법, 프랑스의 미터법, 중국의 척관법 등이 그 예입니다. 예전에는 우리나라도 중국과 같은 척관법을 사용했지만, 그 기준이 중국과는 다소 차이가 있었습니다. 지금은 세계 모든 나라가 국제협약으로 국제표준단위(SI unit)를 정하여 사용하고 있고, 이를 총괄하는 기구가 유엔 산하의 도량형총국(BIPM)입니다.

국제표준의 기본단위는 길이: 미터(m), 질량: 킬로그램(kg), 시간: 초(s), 전류: 암페어(A), 온도: 켈빈(K), 광도: 칸델라(cd), 물질량: 몰(mole) 등 7가지입니다. 그러나 이러한 국제표준에도 불구하고, 일상생활에서는 질량의 단위(kg)를 무게 단위로 쓰고, 온도는 켈빈이 아닌 섭씨나 화씨를 사용하고 있습니다. 그리고 미국과 영국 등 일부 국가에서는 여전히 피트-파운드를 생활단위로 고집하고 있지요.

단위는 대체로 불변하는 어떤 물리적 현상을 기준으로 정합니다. 예를 들어 길이는 진공상태에서의 빛의 속도를 기준으로 정한 것이고, 시간은 세슘원자에서 발생되는 전자 진동주기를 기준으로 정했습니다. 그런데 단위 가운데 유일하게 질량은 원기原器를 만들어서 기준으로 삼고 있습니다. 그 이유는 무게를 구성하는 요소인 중력가속도가 측정위치에 따라 다른 값을 가지기 때문입니다.

질량원기는 1799년에 프랑스에서 섭씨 4°일 때의 물 1리터(ℓ)의 무게를 1kg으로 정하고 백금으로 질량원기를 만들었습니다. 그 후 1882년에는 안정성이 염려되어 온도기준을 섭씨 3.984°로 수정하고, 원기도 안정적인 금속인 백금+이리듐 합금으로 다시 제작하여 지금까지 사용하고 있었지요. 그런데 근년에 이 질량원기에서 이상한 점이 발견되었습니다. 원기와 그의 복사본들을 정밀하게 비교해본 결과, 원기의 질량이 지난 한 세기 동안 50마이크로그램(1마이크로그램=100만분의 1그램)이 감소한 것이지요.

원기의 중량이 왜 감소했는지에 대한 정확한 이유는 아직까지 밝혀지지 않고 있습니다. 그래서 국제도량형총국은 지금까지 킬로그램 정의로 사용돼온 질량원기를 폐지하고 다른 단위처럼 원기가 필요 없는 새로운 방식의 질량기준을 마련하기로 2011년 총회에서 결정하였지만 아직까지 마땅한 기준을 마련하지 못하고 있습니다. 영원할 줄 알았던 백금도 변화한다는 사실이 참으로 놀랍지 않습니까?

여기서 부처님의 근본 가르침인 제행무상諸行無常을 언급하지 않을 수 없습니다. '인연 지어진 것, 즉 원인과 조건으로 이루어진 모든 것은 영원함이 없다'는 이 말은 '일체 만유는 영원히 존재하지 않고 변화한다'는 말입니다. 본래 우주가 텅 빈 상태에서 성주괴공(成住壞空, 우주가 성립되어 머물다가 무너져서 빈 것이 됨)하는 것이니 백금이라고 영원할 수 없는 것은 당연한 이치일 것입니다.

부처님께서는 손톱 위에 조금의 흙을 올려놓으시고 말씀하셨습니다. "비구들이여, 이 정도의 물질이라 해도 이 세상에 항상 존재하여 변하지 않는 것은 하나도 없다. 만약 손톱 위에 얹어놓은 이 정도의 물질에서 항상 존재하여 변하지 않는 것이 있다면 내가 가르치는 청정의

행行으로도 괴로움을 없앨 수 없을 것이다. 그러나 비구들이여, 겨우 이 정도의 물질이라도 항상 존재하여 변하지 않는 것이 없으므로 나의 가르침인 청정의 행을 따른다면 충분히 괴로움을 없앨 수 있으리라."(『증일아함경』)

그리고 부처님이 웨살리의 망고동산에 계실 때, 사람들에게 말씀하셨습니다.

"근심과 걱정을 말라. 부서져야 할 물건은 부서지지 않게 하려 해도 소용이 없느니라. 나는 항상 너희에게 '이 세상에 존재하는 것들은 모두가 무상無常하다. 존재하는 것들은 모두가 괴로운 존재다. 모든 존재 속에는 불변不變하는 실체와 같은 것은 없다. 열반은 갈등과 번민이 없어진 것이다.'라고 항상 네 가지 법을 말하지 않았느냐?"(『증일아함경』)

그렇습니다. 우주가 성주괴공成住壞空하듯, 우리 몸은 생로병사生老病死하고, 마음은 생주이멸(生住異滅, 생기하여 머물다가 변화되어 사라짐) 합니다. 순간순간 변화하는 거기에 영원한 나가 어디 있고, 또 영원한 백금이 어디 있겠습니까? 이렇듯 나나 백금도 조건에 의해 형성된 것이므로 무상하고 불안정하니 그 본성을 성찰하여 그에 대한 집착을 버려야 한다는 것이 부처님의 가르침입니다.

끊임없이 변하는데,
어느 것이 나인가

실험 결과에 따르면, 동물의 수명은 세포분열 횟수에 의해 결정된다고 합니다. 예를 들어 흰쥐는 일생에 12번가량 분열하고, 그 주기가 1년에 4번이니 수명은 3년이 됩니다. 이와 같은 방법으로 세포분열횟수가 50회가량인 인간의 수명을 계산하면, 평균분열주기가 2.4년이라고 하니 수명은 1백20년이 됩니다. 의학에서 인간의 기대수명을 최대 1백20세로 보는 근거가 여기에 있습니다. 그런데 세포분열횟수에는 개인차가 있고, 특히 인체 내에서 분열하는 경우에는 최대 1백 번도 가능하다고 하니, 사람이 2백 년도 넘게 살 수 있다는 계산도 가능한 것이지요.

사람의 몸은 개인에 따라 적게는 30조에서 많게는 1백조 개의 세포로 구성되어 있습니다. 그리고 인체 세포는 끊임없이 분열하여 1초에만 50

만 개가 새로 생기고, 또 사라진다고 하니 하루에 대략 1백억 개가 태어나고 죽습니다. 이는 전체 세포의 2%가 하루에 바뀌는 것이어서 숫자로만 따지면 적어도 50일이면 우리 몸의 모든 세포가 사라지고 새로 태어나는 것입니다.

그러나 모든 세포의 수명이 다 같지는 않습니다. 가장 수명이 짧은 위장 점막 세포는 2시간 30분밖에 되지 않고, 대부분의 장기 세포의 수명은 5~10일, 피부세포는 2~4주, 뼈 조직 세포는 10년이라고 합니다. 그렇다면 지금 내 몸을 구성하고 있는 세포가 장기에서는 1주일 전의 것이 내 것이 아니고, 뼈는 10년 전의 것이 내 것이 아니니, 지금의 나는 일주일 전의 나, 또는 10년 전의 나라고는 할 수 없지 않겠습니까?

몸이 이럴진대 마음은 찰나에도 수없이 바뀌니 그 가운데 어느 것이 내 마음일까요? 불과 1시간 전, 아니 1초 전의 나가 내가 아닙니다. 찰나에 나가 다른 나로 변할 수 있기 때문이지요. 이렇게 끊임없이 변화하는 가운데 나라고 하는 실체가 과연 존재할까요? 아무리 따져보아도 있을 수가 없습니다. 나뿐만이 아닙니다. 모든 사물이 궁극적으로는 실체가 없습니다. 다만 우리 눈에 보이는 것은 인연 따라 존재하는 허상虛像입니다. 그래서 불교에서는 이를 꿈과 같고, 이슬·허깨비·물거품·그림자와 같다고 하고, 그래서 제행무상諸行無常이고 제법무아諸法無我라고 하는 것입니다.

그렇다면 지금 이 글을 읽고 생각하는 이 존재는 무엇입니까. 먹고, 자고, 사지육신을 가진 지금의 나, 분명히 존재하는 것으로 보이는 이 나는 무엇일까요?

부처님의 가르침에 따르면, 나는 '다섯 가지의 무더기(五蘊)'로 구성되어 있습니다. 물질적인 요소, 다시 말해서 지·수·화·풍地水火風인 사대四大로 뭉쳐진 몸뚱이인 색온色蘊과, 이 몸뚱이를 통해 그 대상을 받아들이는 느낌인 수온受蘊, 그 느낌에 따라 떠올리는 표상작용인 상온想蘊, 의지나 충동적인 마음작용을 가리키는 행온行蘊, 그리고 무엇을 인식하고 분별하는 마음작용인 식온識蘊 등 입니다. 여기서 색은 육체를, 나머지 수·상·행·식은 정신을 가리키는 것으로, 쉽게 말해서 오온은 몸과 마음을 말합니다.

그런데 몸은 지수화풍에서 모아진 원소들로 구성되어 있으니 생명이 다하면 다시 원래의 자리로 돌아갈 것이고, 수·상·행·식 또한 눈·귀·코·입·몸·마음이 그 대상인 모양·소리·냄새·맛·촉감·법(法, 인식의 대상)을 보고·듣고·맡고·맛보고·접촉하고·인식하여 생성되는 것들이므로, 보고 듣고 맛보지 않으면 생길 수 없는 마음작용임으로 그 실체가 없습니다. 더구나 이 마음이 육신을 떠나 따로 존재할 수가 없으므로 근원적인 나도 역시 존재할 수가 없는 것이지요. 다만 원인과 조건에 따라 몸이 형성되고, 또 원인과 조건에 따라 마음이 생기므로 원인과 조건이 형성되지 않으면 나라는 것은 있을 수 없습니다.

이 원인과 조건을 불교에서는 인연因緣이라고 합니다. 어떤 결과가 존재하려면 반드시 그 바탕이 되는 종자(因)가 있어야 하고 또 어떤 결과를 만드는 조건(緣)이 갖추어져야 합니다. 가령 곡식을 생산하려면 종자라는 원인과 날씨, 물과 영양소, 사람의 노력 등의 조건, 즉 재배환경이 갖추어져야만 합니다. 사람이 성공하는 것도 마찬가지입니다. 사람 개개인의 능력과 자질이 종자라면 가정·교육·인간관계 등의 조건이 갖추어져야 성공할 수 있습니다.

이처럼 모든 것, 즉 일체는 원인과 조건에 따라 발생하기도 하고 사라지기도 하는 것입니다. 인연 따라 생겨나고(因緣生起), 인연 따라 사라지는(因緣生滅) 현상을 연기緣起라고 합니다. 인과법因果法과 함께 연기법緣起法은 불교의 근본 가르침입니다. 나의 존재를 이렇게 명쾌하게 정의한 가르침은 불교 말고는 없습니다. 그래서 불교를 위없는 최상의 가르침이라고 합니다.

인간을 불행하게 하는 것은 무상無常이고 무아無我인 나를 실재한다고 믿는 마음에서 비롯됩니다. 세상의 모든 범죄가 나와 나의 것을 채우려는 탐욕에서 발생되고 있는 것을 보아도 그렇습니다. '나를 버려야 행복하다', '하심下心하라'고 하지만 실은 버릴 것도, 하심할 것도 없습니다. 본래 무아이기 때문입니다. 불교수행의 목표는 이 무아를 분명하게 깨달아 체득體得하는 것입니다. 무아의 체득을 다른 말로 열반에 이르렀다고 하고, 또 최상의 행복을 얻었다고도 하는 것입니다.

세계는 팽창하고
수축한다

부처님은 우주의 기원과 형성에 대하여 『디가니까야』에서 이렇게 말씀하셨습니다.

"세계가 수축하는 여러 겁劫, 세계가 팽창하는 여러 겁, 세계가 수축하고 팽창하는 여러 겁을 나는 기억한다. (중략) 나는 과거를 아나니, 세상은 수축하고 팽창했다. 나는 미래도 아나니, 세상은 수축하고 팽창할 것이다."

"비구들이여, 지금부터 수십만 년 후에 제2의 태양이 출현하면서 그 뜨거운 열기로 비가 내리지 않게 되고, 모든 초목이 시들어 말라죽고 냇물과 강물이 말라붙을 때가 올 것이다. 또 제3의 태양이 출현하여 갠지스나 야무라와 같은 강들이 말라버리고, 모든 호수뿐만 아니라 바다조차 시간이 지나면 마를 것이다. 그뿐만 아니라 수미산처럼 큰 산, 아니 이 광활한 대지마저 거대한 우주적 참극 속에 김을 품기 시작하여 마침내 불바다를 이루게 된다."

그리고 많은 경전에서 이 세상을 삼천대천세계三千大千世界로 표현하셨습니다. 여기서 삼천대천세계라 함은, 하나의 태양과 달이 운행하며 4천天을 비추는 세계를 수미須彌세계라 하고, 1천의 수미세계가 모인 세계를 소천小千세계, 다시 1천의 소천세계가 모여 중천中千세계, 그리고 1천의 중천세계가 모여 대천大千세계라고 하는데, 이를 통틀어 삼천대천세계라고 합니다. 그리고 이 삼천대천세계는 동시에 성립되어 안정 상태에 머무르다, 다시 팽창하여 무너져서 공무空無 상태가 되는 성주괴공成住壞空을 반복한다는 것이지요. 그리고 세계(우주)는 모두 20층으로 구성된 거대한 인드라망으로 얽혀 있다고 『화엄경華嚴經』 화장세계품에 묘사되고 되고 있습니다.

현대 천문학에서는, 대폭발로 생긴 우주는 팽창을 계속하다가 안쪽에 있는 물질이 끌어당기는 인력引力 때문에 팽창속도가 감소하여 어느 시점에 이르면 팽창을 멈추고 다시 안쪽으로 수축한다고 합니다. 그리고 수축이 진행될수록 안쪽 물질의 밀도가 증가해서 수축하는 속도도 증가되어 모든 물질이 한 점으로 모이는 대붕괴가 일어나고, 그러고는 다시 대폭발이 일어난다는 것입니다. 이와 같이 대폭발과 대붕괴가 반복되면서 우주의 팽창과 수축이 번갈아 일어나는 일종의 진동 우주가 된다는 것이지요. 다시 말해서 부처님께서 말씀하신 성주괴공의 반복과 같습니다.

그리고 우주 관측을 통해 알려진 은하계는 수천억 개의 크고 작은 별들로 구성되는데, 그런 은하계가 또, 수천억 개라고 합니다. 이렇게 은하들이 모여 더 큰 집단인 은하단을 이루고, 이 은하단들이 모여 초은하단을 이루어 우주를 형성합니다. 바로 삼천 대천세계와 같이 작은 집단이 모여서 큰 집단을 이루는 계층적 집단을 이루고 있는 것이 바로 우주입니다. 이는 바로 불교에서 말하는 화엄세계와 동일한 개념입니다.

더욱 놀랄만한 사실은 인간의 씨앗은 태양계가 태어날 때 지녔던 윗대 조상별이 흩뿌린 잔해에서 나온 것이므로 인간의 몸에는 조상별의 우주적 정보가 내재해 있다는 것입니다. 그래서 우주는 인간에게 생명의 씨앗을 준 또 하나의 생명체이고, 별들이 죽으면서 흩뿌린 잔해 역시 생명체이므로 우주 만물이 생의(生意, 생명력)를 지닌 거대한 초유기체超有機體라는 것이지요. 그리고 이 유기체는 상호작용을 통해 끊임없이 활동하므로 이를 일종의 생명현상으로 볼 수 있어, 우주가 비록 감정이 없는 무정물이라 하더라도 생의를 지닌 생명체라는 것입니다.

현대 천문학의 이러한 시각은, "초목, 비정非情에 이르기까지 비로자나불의 현현이다(『화엄경』)", "일체 중생이 모두 불성佛性을 가졌다(『열반경涅槃經』)"고 하는 부처님의 말씀과 그리고 중국 천태종의 담연(曇延,711~782)의 '초목이나 국토도 모두 불성이 있다'는 비정성불론非情成佛論, 또 고려 때, 보조국사 지눌(知訥,1158~1210)이 '산하대지가 모두 진심眞心이다'라고 한 말씀과도 일치합니다. 왜냐하면, 불교에서 비로자나불은 우주심을 뜻하고 일체중생은 만유를 의미하므로, 비정성불론이 가능한 것입니다. 다시 말해서 산하대지가 진심이라는 것이지요. 진심이 곧 불성입니다.

여기서 우리는 지금부터 2천 6백여 년 전에 부처님께서 어떻게 이런 사유를 하실 수 있었는지 놀라움을 더해 경악하지 않을 수 없습니다. 허블 망원경도 없이 우주의 크기를 관측하신 것이나, 특히 성주괴공의 논리를 통해 우주가 팽창과 수축을 반복한다는 사실, 그래서 별들도 태어나고 죽는다는 사실, 그리고 제2, 제3의 태양이 나타나서 이 세상이 소멸해가는 과정 등의 말씀이 너무도 현대의 천문학과 일치하고 있어서 정말 놀랍습니다. 사실 태양의 핵분열이 성장기에 있으니까 제2에 태양이 나타나는 것은 단순히 시간문제가 아닙니까? 정말이지 부처님의 사유思惟는 전지자全知者가 아니면 불가능한 일입니다. 참으로 부처님은 희유하십니다.

물론 부처님의 이러한 가르침의 의도가, "하늘에서나 땅에서나 죽지 않는 것은 없고, 인연 따라 생긴 것은 변하고 바뀌지 않는 것이 없다.(『장아함경』)"고 하신 것처럼, 일체가 무상無常하다는 것을 일깨워주시기 위함이지만, 방편으로 설한 그 말씀조차도 사실을 벗어남이 없으니 부처님의 은혜는 참으로 혜량할 수가 없습니다.

아무리 멀리 있어도
작용하는 중력重力

물리학에서 자연계를 유지하고 지탱하는 힘을 네 가지로 정의합니다. 바로 중력, 전자기력, 강력强力, 그리고 약력弱力입니다.

중력은 나무에서 사과가 떨어지고, 행성이 태양 주위의 궤도를 선회하는 현상으로 설명되는 힘으로, 질량을 가진 모든 물체와 물체 사이에 존재합니다. 그리고 전자기력은 말 그대로 전하電荷 사이에 발생하는 힘으로, 마치 물체와 물체 사이에 인력이 작용하여 지구와 행성이 회전하고 균형을 맞추고 있는 것처럼, 물질을 구성하는 전자의 ⊖전하와 양성자의 ⊕전하들이 서로 밀고 당기는 힘을 말합니다. 같은 극성極性을 가지면 밀고, 다른 극성이면 끌어당깁니다. 전기력과 자기력뿐만이 아니라 우리가 일상에서 접하는 마찰력·탄성력·장력도 전자기력에 속하는 힘입니다.

한편, 강력과 약력은 20세기에 물리학자들이 원자핵 내부를 연구하다가 발견하였습니다. 강력은 양성자와 중성자로 이루어져 있는 원자핵이 이 입자들의 반발에 의해 분해하지 못하도록 붙들고 있는 힘이고, 약력은 방사능의 붕괴와 같은 현상에서 원자핵의 양자가 전자를 방출하면서 양성자로 바뀔 때, 원자를 구성하는 가벼운 입자들 사이에 작용하는 힘을 말합니다. 힘의 크기가 커서 강력이라 하고 작다고 약력이라 하지만, 실제는 약력이 중력보다는 훨씬 큽니다.

그런데 자연계에는 왜 네 가지 힘만 존재하는 것일까요? 물론 이 네가지 말고 제5의 힘의 존재가 있을 수 있다고 미국의 페르미연구소가 발표한 적은 있지만, 확인된 것은 아직까지 이들 네 가지가 전부입니다. 과학자들은 이들 네 가지의 힘도 원래는 하나였는데, 빅뱅과 함께 나뉜 것이라고 믿고 있습니다. 그래서 소위 통일장이론을 만들어 하나임을 증명하려는 노력을 지금도 계속하는 것이지요.

사실, 고전 물리학에서는 전기력과 자기력이 서로 다른 힘이었지만, 19세기에 패러데이가 전자기 유도현상을 발견하면서 하나의 힘이란 사실이 밝혀졌습니다. 그리고 1923년에는 중력과 전자기력이 5차원 중력이론으로 통일되었고, 1967년에는 전자기력과 약력이 통일장이론에 의해 하나의 힘으로 밝혀졌습니다. 그래서 이들 네 가지 힘이 하나라고 하는 믿음은 더욱 확고해졌고, 다른 힘들도 곧 하나임이 밝혀질 것으로 생각합니다.

물리학에서 힘(force)이란 질량(kg)×가속도(㎧)로 정의되는 차원을 가진 물리량으로, 단위는 뉴톤(N)입니다. 물체의 중량을 가리키는 무게도 질량(kg)×중력가속도(9.8㎧)로 구성되는 힘의 일종입니다. 그런데 무게를 우리가 킬로그램(kg)으로 표시하지만, 사실은 킬로그램이 질량의 단위이지 무게의 단위가 아닙니다. 따라서 통상 우리가 말하는 무게 1kg은 국제표준단위로 표시하면 9.8N이라고 해야 정확한 표현입니다.

이처럼 분명한 차원을 가진 물리량인 중력, 전자기력, 강력, 그리고 약력을 현대물리학에서는 힘이라는 말보다는 상호작용(interaction)이라고 표현합니다. 네 가지 각각의 힘도 상호작용이지만 모두를 합쳐서도 상호작용이라고 합니다. 그러는 이유는, 힘은 그가 미치는 상대가 있어야만 작용하고, 또 그 작용을 통해서 힘이 발현되기 때문입니다. 다시 말해서 힘은 홀로 존재하지 않고 상대가 있을 때만 나타나기 때문입니다. 그래서 상호작용이라 하는 것이지요. 그리고 이들 힘의 총합은 항상 영零으로 변함이 없습니다.

물리학의 상호작용을 설명하며 떠올리지 않을 수 없는 것이 불교의 공空입니다. 불교에서 공이 없다거나 아무것도 존재하지 않는 것이 아니라 텅 비었지만, 작용이 있다는 뜻입니다. 그리고 공이 곧 연기緣起이므로, 상호작용으로 설명되는 중력·강력·약력·전자기력이 공 가운데서 나타나고, 만물도 공 가운데서 생멸하는 것입니다. 이처럼 공 가운데에 몸과 마음도 있고, 또 없기도 한 것이지요. 그러면 여기서 있다는 것은 무엇이고 없다는 것은 무엇일까요? 힘이 상대가 있을 때만 작용하는 것처럼 상대가 있으면 존재하는 것이고 없으면 존재하지 않는 것, 다시 말해서 이것이 있을 때 저것이 있고, 저것이 있을 때 이것도 있다는 말입니다. 그러니 공이 곧 연기이고 중도中道인 것입니다.

　나 역시 홀로 존재할 수 없습니다. 이웃과 함께 존재합니다. 그 이웃은 가까이는 가족이고 멀리는 인류이며, 또 삼라森羅고 만상萬象입니다. 그리고 가까운 것은 강력과 같이 강한 힘이 작용하지만, 멀리는 중력과 같은 약한 힘이 작용합니다. 그런데 우리가 간과해서는 안 되는 것이 중력은 비록 힘은 약하지만 아무리 멀리 떨어져 있어도 그 영향력을 행사하는 속성을 가지고 있다는 사실입니다. 그러니 아무리 하찮은 존재라도 나와 연관되지 않은 것은 없습니다. 그래서 우리는 이웃과 세상의 모든 존재 하나하나가 참으로 소중합니다.

　일체 모든 존재의 행복을 바라는 마음이 상호작용을 바로 아는 대자대비심입니다.

영零은
공空이다

요즈음은 대학에서 공학단위를 국제표준단위(SI unit)인 미터법을 사용하지만 1960, 70년대에는 우리에게 익숙하지 않은 영국단위인 피트-파운드법을 썼습니다. 대부분의 교과서가 미국에서 출판된 원서이거나 말만 바꾼 번역서였기 때문입니다. 피트와 파운드 단위는 12진법에서 나온 것이라서 10진법인 미터법에 익숙한 우리에겐 여러 가지로 불편해서 엄청 짜증이 났던 기억이 생생합니다.

1피트나 1파운드가 10이 아닌 12인치와 12온스라서 계산이 복잡할 수밖에 없습니다. 이런 이유는 영어에서 숫자 11과 12를 텐원ten-one, 텐투ten-two라고 하지 않고 일레븐eleven, 텔브twelve라는 고유어가 있는 것처럼, 텐ten도 10을 지칭하는 하나의 고유어지 10진법에서의 10이라는 개념이라고는 생각하지 못했기 때문입니다.

그런데 10진법은 0을 수數의 바탕에 두어야만 표기할 수 있습니다. 수가 생겨난 이유가 물건을 세기 위한 것이라서, 손가락이 열 개인 인간에게 10진법은 필연적인지도 모르지만, 0을 수의 바탕이라는 생각을 일찍이 서구인들은 하지 못했습니다. 다행히 중국을 비롯한 동양문명권에서는 대부분 10진법을 써왔는데, 0을 수에 도입했던 인도의 영향 때문으로 보입니다.

예로부터 중국·인도·이집트·희랍·로마 등의 문명권마다 자신들의 숫자가 있었지요. 로마는 1·5·10·100을 문자 I·V·X·C로 표시했는데, 한때 우리도 시계의 자판에 쓴 적이 있고, 지금도 여전히 책이나 논문의 목차를 구분할 때 쓰기도 합니다. 그러나 로마식 표기는 큰 수를 표기하기가 어렵고 읽기에도 번거롭습니다. 이에 반해 아라비아 숫자는 0을 기반으로 해서 쓰인 자리에 따라 십·백·천·만 등, 그 크기를 쉽게 알 수 있어 아주 편리합니다.

현대수학에서 0은 '없다'는 의미가 아니라 모든 수의 바탕입니다. 왜냐하면, 0에서 하나가 더해져서 1이 되고, 또 하나가 더해져서 2가 되고, 그렇게 더해져서 우주의 생성 나이인 1백50억에도 도달할 수 있고, 또 무한히 늘어나거나 줄일 수도 있기 때문입니다. 불교에서도 공空이 '없다'는 의미의 무無가 아니라, 모든 수의 바탕이 되는 0처럼, 일체의 시작이고 끝이며, 모든 관념이나 틀에서 벗어난 절대자유의 존재방식을 표현하는 말입니다. 그래서 불교에서는 공을 중도中道라고도 하고, 또 연기緣起라고 하는 것입니다.

불교에서 공을 중요시하는 이유는 인간이 자아와 사물의 존재, 그리고 그의 영속성을 본능적으로 의식하고 인정하는 고정관념을 깨버리기 위함입니다. 나와 인간을 포함한 일체 만유의 성립과 존재는 상호작용하는 원인과 조건에 의해서 이루어지는 것이기 때문에 거기에는 무엇이라고 할 만한 어떤 고정된 실체가 없다는 것이지요. 그리고 이런 원인과 조건을 가리켜 인연이라고 하고, 그 인연으로 만유萬有는 나타나고 사라지기 때문에 연기인 것입니다.

영零을 산스크리트어로 수냐(sunya)라고 하는데, 불교에서 말하는 공의 다른 표현입니다. 0의 발견은 불교의 공이 있었기에 가능했던 것이고, 그렇기 때문에 불교가 출현한 인도에서 나온 것은 지극히 당연하다 할 것입니다. 그러니 아라비아 숫자도 원래 인도에서 만들어져 전파된 것이라거나, 특히 대수학이 발전하여 1, 2차 방정식과 부정방정식의 해법, 삼각함수의 사인(sin)값 등을 정확히 계산한 것도 인도인들이라는 것은 그리 놀라운 일이 아닙니다.

그래서 지금 사용되는 수의 단위가 대부분 불교용어인 것도 바로 이런 이유 때문입니다. 수학적으로 표기되는 가장 큰 수인 10의 72제곱을 대수大數라고 합니다. 그리고 68제곱은 무량수無量壽, 64제곱은 불가사의不可思議, 60제곱은 나유타那由他, 56제곱은 아승기阿僧祇, 52제곱은 항하사恒河沙라고 합니다. 여기서 무량수는 영원한 생명을 가진 아미타 부처님의 수명을 뜻하고, 불가사의는 시간의 시작과 같이 그 크기를 생각할 수 없다는 의미, 나유타와 아승기는 셀 수 없이 크다는 의미, 그리고 항하사는 갠지스강의 모래처럼 많다는 뜻으로, 이 모두가 불교용어입니다.

반대로 작은 수를 나타내는 청정淸淨은 10의 –21제곱이고, 허공虛空은 –20제곱, 육덕六德은 –19제곱, 찰나刹那는 –18제곱, 탄지彈指는 –17제곱을 말합니다. 여기서 청정은 번뇌가 완전히 소멸된 부처님 마음을 일컫는 말이고, 허공은 공중처럼 보이지 않을 만큼 작다는 뜻이며, 육덕은 부처님의 여섯 가지의 덕처럼 있지만 보이지 않는 것, 찰나는 한 생각이 일어나는 시간, 탄지는 손가락을 한번 튕기는 시간으로 모두 작거나 볼 수 없다는 의미의 불교용어입니다.

수학의 궁극적인 목표는 세상 이치를 바로 표시하는 데 있습니다. 수학을 크게 분류하면 대수학·해석학·기하학·위상수학으로 구분하는데, 우주의 작은 세계를 연구하는 데는 대수학이, 우주의 구조를 연구하는 데는 기하학, 우주의 상호작용을 연구하는 데는 해석학, 우주의 모양을 연구하는 데는 위상수학이 활용됩니다. 그래서 수학이 세상의 근본에 대한 가르침을 설한 불교와 불가분의 관계를 맺는 것은 어쩌면 매우 자연스러운 일입니다.

그러나 우리는 부처님의 평생의 가르침이 천문학이나 수학에 있는 것이 아니라 중생을 고통에서 벗어나게 하는 데 있음을 명심해야 합니다.

가장 힘든 일,
눈꺼풀 들기

2009년 9월 14일 오후 3시, 몸을 움직일 수 없어서 동국대 일산불교병원 응급실에 실려 갔습니다. 오른쪽 반신에 마비가 온 것입니다. 반쪽이 마비되니 말도 못하고, 걸음도 못 걷고, 숟가락도 들 수가 없었습니다.

그날이 법당을 새로 짓는 불사佛事중인 육군 제1보병사단 12연대 운천대대에 부처님을 모시는 날이어서 아침 일찍부터 서둘렀습니다. 그런데 하루 전부터 조짐이 이상하더니 몸살이 난 것처럼 기운이 없고 약간의 어지럼증세가 있었지요. 그러나 그날은 법당에 석불石佛을 모시기로 해서 쉴 수가 없었습니다. 집에서 1시간 거리인 파주시 문산읍의 부대까지 차선과 차간 거리를 유지하기가 힘들어서 식은땀을 내며 간신히 부대에 도착하고 나니 이제는 다리가 후들거렸습니다. 가까스로 지팡이에 의지하여 일을 마치고 점심을 먹는데, 이제는 팔이 흔들려서 밥도 제대로 먹을 수가 없었지요. 보다 못한 아내가 아들을 불렀고, 그다음 병원으로 실려 갔습니다. 검사결과 뇌혈관이 막히는 뇌졸중이라서 발병 3시간 이내에 내원해야 한다는데, 7시간 만에 도착했으니 어쩌면 반신마비도 다행인 듯.

한 보름을 병원에 입원하여 치료를 받는 동안 참으로 신기한 경험을 했습니다. 입과 손발의 마비된 근육을 풀려고 독경을 하면서 염주를 돌리는데, 백팔염주를 한 바퀴 돌리는 것이 너무도 힘들어 이마에 땀이 솟는 것이 아니겠습니까? 그때 임종을 앞둔 어르신들이 가장 힘들다고 하는 일이 눈꺼풀을 들어 올리는 것이라는 말을 이해할 수 있었지요.

그까짓 눈뜨기와 염주 돌리기가 뭐가 힘들어서 땀까지 흘리는 것일까요?

대학에서 농공학農工學을 전공하여 연계 학문인 인간공학(ergonomics)을 공부한 적이 있습니다. 이에 따르면 우리가 팔다리를 움직이건 눈을 뜨건, 그것은 인체의 근육이 하는 것입니다. 근육은 액틴actine과 마이요신myosine이라는 실처럼 생긴 섬유조직이 서로 둘러싸고 있는 구조로 되어 있는데, 이들 조직이 서로 반대 방향으로 신축과 이완을 반복하면서 인체기관을 움직이는 것이지요. 이때 섬유조직 사이에는 혈액을 통해 공급된 탄소화합물이 근육의 마찰작용으로 연소되면서 발생하는 에너지가 근육을 움직이는 동력이 되고, 연소과정에서 생성된 탄산가스와 물은 땀이나 오줌, 그리고 호흡을 통해 체외로 배출되는 것입니다.

우리가 노동을 통해 흘리는 땀은 근육운동 과정에서 탄소화합물이 내연기관의 연료처럼 연소되면서 생성되는 부산물입니다. 그리고 우리가 생명을 유지하고 있는 자체도 대사代謝작용이기 때문에 부산물로물이 생성되지만, 이 경우에는 대부분이 피부에서 증발되거나 호흡이나 오줌으로 배출되므로 심한 노동이 아니라면 땀까지 흘리지는 않습니다. 다만 질병이나 정신적인 이유로 체온의 변화가 생기면 땀을 흘릴수는 있지만, 이때 흘리는 땀은, 소위 식은땀으로, 노동으로 흘리는 땀과는 생성과정이 전혀 다릅니다.

그런데 그까짓 손가락을 움직이고 눈꺼풀을 들어 올리는데 땀을 흘리는 현상을 무엇으로 설명해야 할까요? 그것은 근육운동으로 생성되었다고 볼 수는 없습니다. 그러면 무엇이 땀을 만든 것일까요?

부처님께서 말씀하셨습니다.

"정신(nama)은 모든 것을 이기며, 정신보다 나은 것은 존재하지 않는다. 정신이라는 하나의 원리가 참으로 모든 것을 지배한다. -(중략)- 마음(citta)이 세계를 인도하고 마음에 의해 세계는 이끌려 다닌다. 마음이라는 하나의 원리가 참으로 모든 것을 지배한다." (『상윳따니까야』 마음의 경)

그리고 『화엄경華嚴經』에서도 '일체유심조一切唯心造', '만법유식萬法唯識'이라고 하여, '모든 것은 오직 마음이 만든다', '모든 법은 오직 식(識, 마음)이다'라고 하였습니다.

다만 여기서 일체유심조를 글자대로 해석하여 세상의 모든 존재를 마음이 만들었다고 마음을 창조주인 것으로 이해하면 안 됩니다. 왜냐하면, 부처님은 일체의 존재를 신神이 만들었다고 하는 전변설轉變說을 부정하고 연기법을 말씀하셨기 때문입니다. 그러니 마음이 다 만들었다면 천지를 창조했다는 하느님이나 브라만과 마음이 다를 바가 없겠지요?

다시 말해서 일체유심조는 사물이 보는 이의 마음 따라 나타난다는 말입니다. 내가 눈을 통해 세상을 볼 때, 보이는 안식眼識이 기존의 마음(意識)과 함께 작용하여 대상이 보이기 때문입니다. 그러니 보는 이에 따라 일수사견(一水四見, 같은 물이 보는 이에 따라 네 가지 모양으로 나타남)인 것이지요. 그러니 삼복의 무더위를 북극의 빙하나 이글루를 상상하며 극복하는 것이 전혀 이상할 것이 없습니다.

벌새와
나팔꽃 이야기

새 중에서 가장 작은 새, 벌새. 칼새목 벌새과에 속하는 이 새는 마치 벌처럼 윙윙대며 날고, 꽃의 꿀을 먹고 살고, 크기도 작아 그렇게 부릅니다. 일반적으로 금속성 광택의 화려한 색깔의 깃과 긴 부리를 가진 벌새는 크기가 꿀벌만 한 작은 종種에서 큰 것은 참새만 한 것까지 약 3백여 종 이상이 지구 상에 서식한다고 합니다.

그런데 이처럼 작은 벌새는 어떤 새도 따라 할 수 없는 신비한 비행능력을 갖추고 있습니다. 마치 헬리콥터처럼 제자리에서 나는 비행술인 후버링(hovering)을 하기도 하고, 때로는 후진비행도 하지요. 이러한 비행술을 구사하려니 날갯짓이 엄청나게 빨라서, 작은 종은 1초에 80회나 한답니다. 특히 가속加速과 선회旋回를 자유자재로 하는 벌새의 비행술은 다른 새들이 흉내 내지 못하고, 비행속도도 고속도로의 자동차와 비교되며, 한 번의 비행 거리가 무려 8백km나 된다니 참으로 놀랍지 않을 수 없습니다.

벌새의 이런 신비의 비행술은 그의 단단하고 두꺼운 가슴근육과 칼날처럼 생긴 날개에서 나온다고 합니다. 그리고 다른 새들과는 달리 날개와 몸이 어깨 관절에서만 연결되어있는 신체구조를 가지고 있어서 전진과 후진은 물론, 상하좌우 어느 방향으로든 비행이 가능하다고 합니다. 벌새에게 이처럼 특별한 비행술이 필요한 이유는 천적들로부터 자신을 보호하기 위해서인데, 특히 사마귀의 공격을 피하기 위해서라네요.

벌새는 거미나 곤충의 수액을 빨아먹는 종도 있지만, 대부분은 꿀을 주식으로 합니다. 그것도 한 가지 꽃의 꿀을 먹기 때문에 부리의 모양과 크기가 그 꽃의 형태에 따라 다양하게 발달돼있습니다. 그래서 부리 모양에 따라 벌새를 분류합니다. 그리고 벌새는 후버링이나 순간 가속과 정지 등의 비행동작에 많은 에너지가 필요하여 꿀과 같은 고열량의 먹이를 섭취해야만 하고, 그래서 새 중에서는 에너지대사율이 가장 높고, 또 오래 잠을 잔다고 합니다. 어떻게 벌새가 이런 초능력(?)을 가진 것일까요?

먼저 예수님에게 여쭈어 보았습니다.

"세상이 창조된 이후로 하나님의 보이지 않는 것들, 곧 그분의 영원하신 능력과 신성神聖이 그분이 만드신 만물을 통해 명백히 보여 알게 되었으므로 그들은 변명할 수가 없다." (『로마서』 1장) "하지만 짐승에게 물어보게나, 너희에게 가르쳐 줄 것이네. 공중의 새들에게 물어보게나. 너희에게 말해 줄 테니. 아니면 땅에게 말해 보게나. 너희에게 가르쳐 줄 테니. 그것도 아니면 바다의 고기들이 네게 알려 줄 것이네. 여호와의 손이 이 일을 하셨다는 것을 이 모든 것들 가운데 어떤 것이 모르겠는가?"(『욥기』 12장)

말씀인 즉, 눈에 보이지 않는 여호와의 능력이 그가 창조한 만물을 통해 증명되고 있으니 딴소리하지 말고, 궁금하면 짐승·새·땅·물고기에게나 물어보라는 말씀입니다.

새나 땅이 대답할 리가 없으니 답답해서 부처님께 여쭈었습니다.

"이것이 있으므로 저것이 있게 되고, 이것이 일어나므로 저것이 일어난다. 이것이 없으므로 저것이 없게 되고, 이것이 소멸함으로 저것이 소멸한다."(『잡아함경』)

희귀한 생물이 많기로 유명한 인도양의 섬 마다가스카르에는 세상에서 가장 긴 부리를 가진 벌새가 있습니다. 이 종은 꽃자루가 긴 나팔꽃의 꿀을 먹고 살기 때문에 부리가 매우 깁니다. 그런데 사실을 알고 보면 나팔꽃도 자신의 번식을 위해 제 나름대로 벌새에게 꽃가루를 더 묻히려고 꽃자루를 늘렸던 것이지요. 그러니 꽃은 꽃자루를, 새는 부리를 점점 늘려온 것입니다. 아니 새가 꽃자루를, 꽃이 새의 부리를 늘린 것입니다. 특히 꽃은 모양이나 색, 향기를 내뿜어 특정한 벌새를 끌어들이려고 치열하게 노력을 한 결과입니다.

그러고 보면 창조론자들이 '하나님의 놀라운 창조를 증명하는 피조

물'이고 '하나님의 특별한 설계의 증거'라고 주장하는 벌새의 엄청난 날갯짓이나, 긴 잠, 에너지대사율, 현란한 색깔의 깃털, 그리고 신기에 가까운 비행술들도 모두가 그럴만한 이유가 있어서 그들 스스로 그렇게 진화한 것임은 두말할 나위가 없습니다. 그것도 긴 부리 벌새와 나팔꽃처럼, 이것에 의해서 저것이, 저것에 의해 이것이 있음이 자명합니다. 그러니 거기에는 누구의 의도나 손길이 존재할 필요가 없지요.

그러면 나를 구성하는 오온(五蘊, 色·受·想·行·識) 가운데 색色은 어떤 인연으로 이 몸에 있을까요? 내 몸속의 물은 설산雪山의 눈이었을까, 북국의 빙하였을까요? 아니면, 아침 이슬이었을까, 저녁 빗방울이었을까요? 지난여름 태풍으로 왔을까, 겨울 폭설로 왔을까요? 물도 이럴진대, 공기며 음식이며 생명은? 또, 수·상·행·식受想行識은?

중중무진(重重無盡, 끝없이 서로 관계함), 천지동근(天地同根, 하늘과 땅이 한 뿌리), 공업중생(共業衆生, 공동운명체)이란 불교의 표현이 참으로 절묘합니다. 그러니 나를 여기에 있게 해 준 일체 존재에게 감사하지 않을 수 없습니다. 손가락이 열 개인 것이 고맙고, 볼 수 있는 눈이 있어 감사합니다. 먹을 수 있어 고맙고, 살고 살려짐에 감사합니다. 움직일 수 있어 고맙고, 생각할 수 있어 감사합니다. 그리고 이 진리를 일러주신 부처님이 더욱 고맙습니다.

식물도 느끼고
생각한다

최근 식물도 듣고, 느끼고, 생각한다는 놀라운 연구결과가 미국의 '생태학(Oecologia)' 2014년 최신호에 발표되었습니다. 그동안 식물이 음악과 같은 소리에 반응하는지에 대한 연구는 많이 있었습니다. 가령 예쁘다는 말을 들은 난초는 더욱 아름답게 자라고, 볼품없다는 말을 들은 장미는 자학 끝에 시들어 버린다는 것이지요. 떡갈나무는 나무꾼이 다가가면 부들부들 떨고, 홍당무는 토끼가 나타나면 사색이 된다고 합니다. 그리고 제비꽃은 바흐와 모차르트, 재즈를 좋아하지만, 록은 싫어한다고 합니다. 또, 장바구니 속의 푸성귀들은 곧 뜨거운 물에 익혀지거나 불에 구워질 자신의 운명에 비명을 지른다고 합니다.

외국에서는 식물이 내는 파장이 잎을 닦아줄 때와 가위로 자를 때와

서로 다르게 나타난다는 실험결과를 근거로 식물도 감성을 가진다고 주장하는 연구가 있었습니다. 우리나라에서도 음악을 들려준 작물이 그렇지 않은 작물보다 더 병충해에 강하고 수확량도 많다는 등의 연구 결과가 농사시험연구 분야에서 꾸준히 발표되었습니다. 그 결과로 이른바 '그린음악농법'이란 것이 한때 유행되기는 했지만 널리 보급되지 못했지요. 왜냐하면, 그것으로 얻는 수익이 투자를 넘어서지 못했기 때문입니다.

그런데 이번에 발표된 미국 미주리대학교 하이디 아펠(Haidi Appel) 박사의 연구 결과는 그동안 식물이 소리를 들을 수 있느냐, 또 식물이 그 소리에 좋고 싫음을 느끼고 자기의 느낌을 표현할 수 있느냐에 대한 명쾌한 해답을 주고 있습니다.

실험의 내용은 대략 이렇습니다. 우선 애기장대풀(Arabidopsis)의 잎에 애벌레를 올려놓고 갉아먹게 한 다음, 벌레가 잎을 먹는 모습과 소리를 동영상으로 촬영했다고 합니다(http://vimeo.com/99635253). 그리고 다른 애기장대풀 두 포기를 놓고 한쪽에는 미리 촬영했던 잎을 갉아 먹는 소리를 들려주고, 다른 한쪽에는 소리가 없는 빈 녹음기만 돌려주었습니다. 그런 다음 잎에 애벌레를 올려놓고 갉아먹게 했더니 갉아먹는 소리를 미리 들려주었던 애기장대풀에서는 소리를 들려주지 않았던 풀보다 더 많은 기름 성분을 분비하더라는 것입니다.

이 기름 성분은 겨자유(mustard oil)라고 하는 방향족 화합물로, 애벌레가 싫어하는 물질입니다. 다시 말해서 애기장대풀은 자신의 잎을 갉아 먹는 소리를 듣자마자 겨자유를 분비해서 애벌레를 쫓아내기 위한 방어태세를 갖춘다는 것이지요. 그러나 애기장대풀이 자신을 갉아먹는 소리에만 반응하는 것이 아닐 수도 있으므로 다른 소리에도 반응하지 않을까 하여, 연구팀은 애기장대풀에게 부드러운 바람 소리와 다른 곤충의 소리를 들려주었지만, 풀은 오직 애벌레가 풀을 갉아 먹는 소리에만 반응한다는 것입니다.

이러한 결과는 식물이 소리를 듣고 그 소리를 구분할 줄 안다는 명백한 증거가 되고 있습니다. 식물도 분명히 듣고, 느끼고, 반응한다는 것이지요. 사람이나 동물이 느끼는 외부 자극을 식물들도 똑같이 느끼고, 생존을 위해 자신의 감각기관을 최대한으로 활용할 줄 안다는 것입니다. 다만 그 방법이 동물과는 조금 다를 뿐입니다.

사실 필자는 마당의 잔디밭을 가꾸면서 식물도 느끼고 생각한다는 사실을 발견하고는 신기해서 여러 차례 글도 쓰고 사진을 찍어둔 적이 있습니다. 도시근교의 작은 산자락에 있는 단독주택이라 그런지 잔디를 심은 마당에는 잡초가 무척이나 성가시게 자랍니다. 아무리 매도 끝이 없습니다. 그런데 콩밭에서는 사람 키만큼 자라는 바랭이가 잔디밭에는 서는 마치 잔디처럼 행세하고, 또 잔디와는 전혀 다른 모양을 가진 씀바귀도 잔디를 흉내 내기 때문에 이들을 찾아내기가 쉽지 않습니다. 그리고 잔디와는 전혀 다른 성정을 가진 괭이풀이나 민들레는 생장시기를 조절한다든지 아니면 잎의 색깔을 달리하는 위장술을 쓰기도 합니다.

이러한 식물의 생존 모습을 처음에는 잔디와 경쟁하느라고 그러는 줄 알았습니다. 그러다가 잔디를 흉내 내는 씀바귀를 보고는, '저들이 호미를 들고 자신을 수색하는 주인의 눈을 따돌리려고 그런다'는 생각에 이르렀지요. 왜냐하면, 풀을 매지 않고 내버려두면 제 성질대로 크기 때문입니다. 이러한 식물의 자기보호본능을 접하면서 섬뜩하리만큼 놀라기도 하고, 또 이처럼 생존을 위해 자기 모습을 버리면서까지 처절한 몸부림을 하는 것이 안타깝기도 해서 잔디밭을 매지 말까 하는 생각도 했습니다. 그러다 이번 아펠 박사의 보고를 통해, 저의 경험도 그르지 않았음을 확신하면서, 이런 식물들이 우리에게 얼마나 고마운 존재인지를 깨닫게 해주는 기회가 되었지요.

  텃밭의 상추는 떡잎이 떨어질 무렵부터 제 살을 내어주기 시작하여 꽃대가 올라올 때까지 자신의 모든 것을 아낌없이 사람에게 내어줍니다. 애기장대풀처럼 자신을 보호한다고 사람들 싫어하는 물질을 분비하는 일도 없이, 더 이상 잎이 무성하지 않으면 꽃피기 전에 뽑아버려야 땅심이 유지된다고 하는 못된 인간에게 자기의 살점을 모두 바칩니다. 마치 부처님 전생에 사슴이었을 적에 굶주린 짐승에게 당신의 몸을 내준 것과 같이.
  그러니 상추가 부처님입니다.

2장

부처님 말씀이라도
따져보고

붓다는 무조건 '믿어라'가 아니라 '와서 보라'고 했습니다.
'내 말도 면밀히 검토하고 나서 옳다고 생각하면 받아들여야 한다'고 했습니다.
그래서 불교는 믿고(信), 이해하고(解), 실천하여(行), 증험하는(證)
합리적인 종교라고 합니다.

일체가
괴로움이다

모든 생명은 생존이라는 생명활동 자체의 필연적인 괴로움을 가지고 있습니다. 곤충과 같은 미물부터 만물의 영장인 인간까지 모든 생명은 세상에 존재하는 그 자체가 괴로움입니다. 동식물의 먹이활동을 보면 얼마나 처절합니까? 그것이 괴로움이 아니고 무엇이겠습니까? 사람도 예외가 아닙니다. 설사 즐겁게 사는 사람이라도 그 즐거움은 일시적이지 영원하지가 않습니다.

지금부터 2천6백여 년 전, 고타마 싯다르타가 모든 것을 포기하고 카필라성城을 나설 때의 고민이 바로 삶의 괴로움이었습니다. 인간이 태어나서 늙고 병들어 죽는 괴로움의 근원에 대한 고민이 고타마 싯다르타 왕자를 출가하게 한 이유입니다. 그러므로 불교의 시작은 바로 괴로움에 대한 이해에서 시작합니다. 그리고 괴로움의 이해는 바로 나 자신에 대한 이해이기도 하지요. 싯다르타는 출가 후, 6년간의 처절한 수행 끝에 그 괴로움의 발생과 소멸에 대한 진리를 깨닫고 45년간의 기나긴 전법 여정을 나섰습니다.

"비구들이여, 괴로움의 고귀한 진리(苦聖諦)란 무엇인가? 태어남이 괴로움이며(生苦), 늙음도 괴로움이며(老苦), 병듦도 괴로움이며(病苦), 죽음도 괴로움이다(死苦). 슬픔·비탄·아픔·비애·절망과 원하는 것을 얻지 못하는 것도 괴로움이고(求不得苦), 싫어하는 대상과 만나는 것도 괴로움이며(怨憎會苦), 좋아하는 대상과 헤어지는 것도 괴로움이다(愛別離苦). 그리고 인간을 구성하는 다섯 가지 무더기에 대한 집착이 괴로움이다(五取蘊苦)."(『대념처경大念處經』)

인간이 살아가면서 겪는 이들 여덟 가지의 고통을 팔고八苦라고 합니다. 그 가운데 생·노·병·사의 네 가지 괴로움은 생명을 가진 모든 존재들이 피할 수 없어서 고고苦苦라고 합니다. 한 생명의 탄생을 두고 기쁨을 넘어 성스러움으로까지 묘사되기도 하지만, 이는 태어나는 괴로움을 이겨내는 과정을 두고 하는 말입니다. 태·난·습·화胎卵濕化 사생四生으로 태어나는 모든 생명들의 출생과정은 실로 괴로움이 아닐 수 없습니다. 그리고 그 다음의 삶은 어떻습니까? 늙고 병들어 수명을 다해 죽어가는 그 모두가 괴로움이 아닐 수 없습니다.

그리고 살면서 경험하는 슬픔·비탄·아픔·비애·절망 등과 원하는 것을 성취하지 못하는 괴로움, 보기 싫은 것과 만나는 괴로움, 좋아하는 것과 헤어지는 괴로움 등, 이 세 가지는 물거품과 같이, 일시적인 즐거움이나 행복이 허물어질 때 생기는 괴로움이라서 괴고壞苦라고 합니다. 삶을 통해 여러 가지 행복을 느끼기도 하지만 그 행복은 영원히 지속되지 않고 무너지기 때문이지요.

마지막으로 우리의 몸과 마음이 경험하는 모든 현상 그 자체가 괴로움이라는 오취온고五趣蘊苦를 행고行苦라고 합니다. 우리의 육체(色)와 느낌(受)·지각(想)·의지(行)·의식(識)으로 세분되는 마음 작용의 무더기들을 오취온, 또는 오온五蘊이라고 합니다. 오취온이 곧 몸과 마음이고, 몸과 마음이 바로 '나'이니, 오취온고는 나로부터 발생하는 괴로움을 말합니다. 나의 눈·귀·코·혀·몸·마음이 그의 인식 대상인 모양·소리·냄새·맛·감촉·법法을 대하면서 느끼고, 지각하고, 의도하고, 분별하는 과정에서 발생하는 모든 현상이 곧 괴로움이라는 것이지요. 왜냐하면, 나를 비롯한 모든 것이 조건에 의해 형성되어서 그 실체가 없기 때문입니다. 그런데도 우리는 끊임없이 좋은 것을 더 갈망하고 집착하여 괴로움이 발생하는 것입니다.

부처님께서 몸소 실천하고 가르치신 위파사나(Vipassanā)라고 하는 지관止觀 수행법이 있습니다. 일체의 행이 몸과 마음에 접촉되어 느끼고 지각하고 의도하고 분별함으로써 괴로움과 번뇌가 발생합니다. 그러나 우리가 접촉하는 것을 마음대로 차단할 수는 없기 때문에, 대신 접촉되어 느껴지는 감각을 관찰하여 다음 단계인 의도나 의식작용으로 발전하지 못하게 할 수가 있습니다. 이렇게 하여 번뇌를 없애는 수행이 위파사나입니다. 예를 들어 무엇이 따뜻하게 느껴질 때, 느낌 자체만을 관찰하고 그것이 좋다·싫다·무덤덤하다는 생각으로 발전하지 못하게 하는 것이지요.

불교에서 인간이 사는 세상을 사바(sabha, 娑婆), 즉 괴로움의 바다인 고해苦海라고 합니다. 사람이 살면서 기쁘고 즐겁기도 한데 어째서 고해일까요? 그것은 기쁨과 즐거움이 영원하지 않기 때문입니다. 그리고 인간의 세계는 욕망으로 가득 찬 욕계欲界여서 늘 욕망에서 비롯되는 괴로움이 수반될 수밖에 없지요. 그리고 욕망이란 아무리 채우려 해도 채워지지 않는 속성이 있습니다. 불교에서 괴로움이란 단순히 아픔만을 의미하는 것이 아니라 불쾌·두려움·우울·슬픔·비애·우수 등의 감정까지 포함하는 말입니다. 그래서 우리는 하루속히 이 고통의 바다에서 벗어나야 합니다. 부처님은 이렇게 경책하십니다.

"무엇을 웃고 어찌하여 즐거워하는가? 끊임없이 불타고 있는 세상에서 그대는 어둠에 둘러싸여 있는데도 등불을 찾지 않는구나. 보아라, 이 꾸며놓은 몸뚱이를, 상처 덩어리인 이 몸뚱이를, 병치레가 끊일 새 없고, 욕망에 불타오르고, 견고하지도 영원하지도 못한 이 껍데기인 이 몸은 늙어서 시들어버리고 깨지기 쉬운 질병의 보금자리. 썩은 육신은 마디마디 흩어지고 생명은 반드시 죽음으로 끝난다." (『법구경法句經』)

괴로움의 원인,
갈애渴愛

삶이라는 그 자체가 모두 괴로움이라는 부처님의 가르침에 동의하십니까? 그런 것 같지만 때때로 즐거운 일도 있지 않으냐고요? 그렇습니다. 때로는 즐겁습니다. 그런데 우리가 즐겁다고 하는 것은 대부분이 감각적인 욕망이 충족되는 데서 오는 즐거움입니다.

눈이 무엇을 보고 나서 그것이 좋다, 싫다, 좋지도 싫지도 않다고 하는 마음을 갖게 되면, 좋은 것은 더 찾게 되고 싫은 것은 밀어내며, 좋지도 싫지도 않은 것은 무덤덤해지기 마련입니다. 그리고 욕망의 세계에서 태어난 인간은 태생적으로 좋은 것을 갈구하는 욕심이 있습니다. 이를 목이 마르면 물을 찾는 것과 같다고 해서 갈애라고 합니다. 그리고 갈애에서 한 걸음 더 나아가 그것을 끊임없이 소유하려는 의도를 집착이라고 합니다. 이 갈애와 집착이 바로 괴로움의 원인이지요.

간절히 원하여 가지려 했는데도 가질 수가 없으니 괴롭습니다. 설령 원하는 것을 손에 넣어 즐겁다고 할지라도, 이는 조건에 의해 얻어진 것이어서 일시적인 즐거움이지 영원한 즐거움이 아닙니다. 즐거움이 영원하지 않으니 즐거운 것과 헤어져야 하는 또 다른 괴로움이 생깁니다. 그리고 눈으로 보고, 귀로 듣고, 혀로 맛보고, 몸으로 접촉하고, 마음으로 대하는 모든 것이 다 그렇습니다. 안·이·비·설·신·의眼耳鼻舌身意 육근六根과 색·성·향·미·촉·법色聲香味觸法의 육경六境이 만나서 발생되는 마음작용을 일체라고 합니다. '모든 것이 괴롭다'는 일체개고一切皆苦는 이를 두고 하는 말입니다.

요즈음에 성형중독증이라는 병이 있습니다. 더 예뻐지려는 마음에 성형하기를 병적으로 하는 것이지요. 마치 무엇에 홀린 사람처럼 성형을 하지 않고는 아무것도 하지 못합니다. 성형을 못 하는 스트레스가 우울증 등 온갖 질병의 증상을 수반합니다. 그런데 성형을 해 봐야 또 오래가지를 못해요. 그도 그럴 것이 우리 인체의 근육세포는 적어도 한 달에 한 번은 새것으로 바뀌기 때문에 자꾸 원상으로 회복하려는 속성이 있기 때문입니다. 그러니 다시 성형을 하게 되고, 그러다 돈이 없으면 성형 주사제를 직접 구하여 자기가 자기 얼굴에 주입하기에 이릅니다. 그리고 종국에는 자신의 얼굴이 어떻게 변하는지도 모른 채 주사 놓기에만 몰두하는 심각한 상태의 질병으로 발전하는 것이지요.

또, 무엇을 가지고 싶어서 안달하는 수집 강박증이라는 병도 있습니다. 대부분은 처음에는 취미로 시작하지만, 수집이 자기 분수를 넘어 갈애와 집착으로 발전하면 남의 것을 훔치거나 빼앗기도 하는 범죄를 저지릅니다. 그리고 저장 강박증이라는 병도 있는데, 이는 무슨 물건이든 쓰고 버리지 못하는 병입니다. 그래서 심하면 여기저기서 주워 모으기도 하여 집안이 쓰레기장이 되고, 가족과 이웃에게 악취 등의 고통을 주기도 하지요. 이처럼 병적인 집착은 물론이고, 소소한 집착들도 모두 크고 작은 괴로움의 원인이 되는 것입니다.

부처님께서는 갈애가 괴로움을 발생시키는 과정과 그 결과를 『고온대경苦蘊大經』에서 아주 구체적인 예를 들어 말씀하셨습니다.

"정말 감각적인 욕망 때문에, 감각적인 욕망에 의존되어, 감각적인 욕망에 강요되어, 감각적인 욕망에 완전히 동요되어 왕은 왕들과 싸우고, 왕자는 왕자들과 싸우고, 바라문은 바라문들과 싸우고, 부자는 부자들과 싸운다. 아들은 부모와 다투고, 부모는 아들과 다투며, 형제는 형제끼리 자매는 자매끼리, 친구는 친구끼리 다툰다. 이러한 불화, 말다툼, 그리고 싸움에 빠지면 결국은 상대방을 주먹이나 몽둥이나 무기로 쓰러트린다. 결국, 그들은 치명적인 상처를 입어 괴로워하게 된다.

더 나아가 감각적인 욕망 때문에, 감각적인 욕망에 의존되어, 감각적인 욕망에 강요되어, 감각적인 욕망에 완전히 동요되어 사람들은 집을 부수고, 도둑질하며, 강탈하고 약탈하며, 노상에서 강도질을 하고, 남의 부녀자를 범한다. 그러면 왕은 그들을 잡아다가 여러 가지 형벌로 고통을 준다. 형벌을 받다가 죽기도 하고, 죽을병에 걸리기도 하는 갖가지

고통을 받게 된다.

바로 이것이 감각적인 욕망 때문에, 감각적인 욕망에 의존되어, 감각적인 욕망에 강요되어, 감각적인 욕망에 완전히 동요되어 저지른 행위 때문에 바로 이 삶에서 받게 되는 고통의 무더기이며 감각적인 욕망의 재앙인 것이다."

그리고 부처님께서 기원정사에 계실 때, 제자들에게 이렇게 말씀하셨습니다.

"이 세상에 집착하는 것치고 죄가 되지 않는 것이 없다는 것을 깊이 생각하여 육신(色)에 매달리지 말고, 감각(受)에 매달리지 말아야 할 것이며, 지각(想)이나 의지(行) 나아가 의식(識)에도 매달리지 말아야 할 것이다. '나'라는 생각의 집착에서 벗어나야만 열반을 얻게 될 것이다."

(『잡아함경』)

그렇습니다. 모든 괴로움과 불행, 그리고 악행의 단초는 갈애와 집착에서 비롯됩니다. 그리고 그 끝에는 나라고 하는 실체가 없는 존재를 실재한다고 생각하는 무명(無明, 어리석음)이 자리하고 있습니다. 그래서 우리는 제행무상(諸行無常, 모든 것은 변화함)과 제법무아(諸法無我, 모든 것은 나라고 할 만한 실체가 없음)를 확실히 알았을 때, 갈애에서 벗어날 수 있습니다.

열반은 현자賢者가
경험할 수 있는 것

　모든 괴로움의 원인은 갈애와 집착에 있고, 이를 잘 다스리면 괴로움을 소멸시킬 수 있다는 것이 부처님의 가르침입니다. 얼마나 다행입니까? 인간이기 때문에 감내해야만 하는 태생적인 괴로움도 있는데, 이런 괴로움을 모두 소멸하여 어디에도 얽매이지 않는 자유인이 될 수 있다니 환희심이 나지 않습니까?

　부처님께서 말씀하셨습니다.

　"비구들이여, 이 갈애渴愛는 어디서 버려지고 어디에서 소멸하는가? 이 세상에서 즐거운 대상 또는 매력적인 대상, 즐길만한 매력이 있는 곳에서 이 갈애는 버려지고 소멸한다. 이 세상에서 눈·귀·코·혀·몸·마음, 즉 여섯 가지 감각기관이 즐겁고 또는 매력 있고 즐길만한 대상이라면 그곳에서 이 갈애는 버려지고 소멸한다."『대념처경大念處經』)

괴로움의 원인인 갈애가 우리의 여섯 가지 감각기관인 육근六根에서 발생하는 것을 앞서 살펴보았습니다. 그런데 갈애를 버려야 하는 곳도 바로 육근이라는 말씀입니다. 다시 말해 발생되는 곳이 바로 소멸하는 곳이며, 그곳은 바로 우리의 몸과 마음입니다. 몸과 마음에서 발생한 갈애이므로 버리는 것도 거기서 해야 한다는 것이지요. 그리고 갈애를 버리는 방법을 부처님은 이렇게 말씀하셨습니다.

"비구들이여, 과거의 것이거나, 현재의 것이거나 미래의 것이거나, 이 세상에서 즐거운 대상, 매력 있는 대상, 즐길만한 대상에 대하여 '그것은 영원하지 않다, 만족스러운 것이 아니다, 불변하는 실체가 아니다, 질병이다, 두려움이다'라고 보면 저 갈애는 끊어진다. 갈애가 끊어져 버리면 집착도 끊어진다. 집착이 끊어지면 괴로움도 끊어진다. 괴로움을 끊어버린 사람은 태어남·늙음·죽음·비탄·슬픔·고통·비애·우수憂愁로부터 벗어나게 된다. 나는 이것을 괴로움으로부터의 해탈解脫이라고 말한다."『대념처경大念處經』)

여기서 우리가 즐길만한 것으로 여기고 있는 감각적인 쾌락들이 영원하거나 만족스럽거나 불변의 실체가 있는 것이 아니라, 온통 아프고 괴롭고 두려운 것들이라고 알아차리면 갈애가 사라진다는 것이지요. 그리고 그렇게 아는 것을 바로 지혜라고 합니다. 모든 것은 조건으로 형성된 것이어서 영원하지 않으며, 일체는 자아라고 할 만한 실체가 없으므로 모두 것은 괴롭다는 사실을 확실히 알아야만 지혜가 열리는 것입니다. 여기서 안다는 것은 이해해서 안다는 의미가 아니라 체험으로 알아야 한다는 것입니다. 다시 말해서 머리로 헤아려 아는 것이 아니라 몸으로 알아야 한다는 것이지요.

그런데 왜 갈애를 버려서 괴로움에서 벗어나야 할까요? 우리의 삶이 너무 고통스러워 스스로 목숨을 버리는 사람도 있지만, 대부분의 사람들은 그런대로 잘살고 있지 않습니까? 게다가 과학문명은 발전하여 인간의 수명도 늘어나고, 삶 자체도 풍요롭고 편해지고 있지 않나요? 그러나 조금 깊이 생각해 보세요. 사람 사는 세상 말고도 짐승들의 세상이 있고, 우리 눈에는 보이지 않는 귀신이 사는 세상과 지옥이라는 세상도 있습니다. 아마도 그곳의 중생들은 잠시도 더 살고 싶지 않을 만큼 하루하루가 고통스러울 것입니다.

그런 것은 믿지 않는다고요? 물론 믿고 안 믿고는 개인의 자유입니다. 그러나 우리 주위에도 이미 현실에서 지옥이나 축생 세계에 살고 있는 사람들을 얼마든지 볼 수가 있습니다. 죄를 짓고 철창에 갇혀 사는 사람들은 이미 길러지는 축생이고, 하루하루가 괴로워 어서 죽기를 바라는 사람은 이미 지옥이며, 늘 굶주림에 허덕이는 사람은 아귀餓鬼 세상에 있는 것입니다. 그런데 한번 잘못되어 지옥이나 아귀, 그리고 축생 세계에 떨어진다면, 다시 인간계로 태어나기가 매우 어렵다는 사실을 우리는 명심해야만 합니다.

맹귀우목盲龜遇木이라는 말이 있습니다. 망망대해에 사는 거북이가 숨을 쉬기 위해 수면으로 머리를 내미는데, 그때 난파된 배의 판자 조각에 있는 옹이구멍으로 머리가 들어간다는 말입니다. 확률적으로 거의 실현 불가능한 기연奇緣을 이르는 고사성어로, 사람으로 태어나기가 어렵다는 것을 그렇게 비유했습니다. 또 사람으로 태어났다 하더라도 번뇌를 완전히 소멸하기 전까지는 끊임없이 윤회를 반복해야 하므로 사바를 벗어나기가 쉽지 않습니다. 그리고 세상의 모든 죄악이 탐·진·치貪瞋癡 삼독三毒에 의해서 일어나고, 이 삼독의 근원이 갈애에서 비롯됩니다. 그래서 부처님께서는 '탐진치 번뇌를 소멸하여 지극한 평온이자 최상의 행복인 열반을 증득하라'고 하십니다.

"탐욕에 물든 마음에 정복되어, 성냄에 의한 마음에 정복되어, 무지無智에 정복되어, 사람들은 자신을 파멸로 이끌고, 다른 사람들을 파멸로 이끌고, 자신과 다른 이들을 함께 파멸로 이끌어 정신적인 고통과 슬픔을 겪는다. 하지만 탐욕과 성냄, 어리석음을 버릴 때 사람들은 자신을 파멸로 이끌지 않고, 다른 사람들을 파멸로 이끌지 않고, 자신과 다른 이들을 함께 파멸로 이끌지 않아서 정신적인 고통과 슬픔을 겪지 않는다. 이처럼 바로 현세에서 증득될 수 있는 열반은 먼 시간을 기다리지 않는 것이며, 와서 보라고 할 수 있는 것이며, 매력 있는 것이며, 현자賢者들이 경험할 수 있는 것이다."(『아함경』증지부)

깨달음이 수행의
목표가 아니다

    불교의 궁극목적은 깨달음에 있는 것이 아니라 열반涅槃에 있습니다. 다시 말해서 탐·진·치 삼독의 번뇌를 소멸한, 즉 괴로움을 소멸한 절대 평온과 절대 자유의 상태인 열반에 도달하는 것이 불교의 목표입니다. 그런데 대부분의 불자들이 깨달음을 목표로 알고 있습니다. 아마도 이는 한국불교가 선종禪宗인 영향도 있지만, 분명한 것은 깨달음은 열반에 이르는 과정이지 목표가 아닙니다. 그래서 우리는 괴로움을 소멸하고 삼독을 소멸해야 합니다. 그리고 부처님은 소멸에 이르는 방법을 분명하게 제시하셨지요. 바로 여덟 가지 바른길인 팔정도八正道입니다. 따라서 이 팔정도를 닦는 것이 불교의 수행이고 열반에 이르는 길입니다.

    다만 수행함에 있어서, 극심한 고행苦行을 한다든가 긴장감이 없이 한

가롭게 한다든가 하는 따위의 극단을 버려야 하는데, 이를 중도中道라고 합니다. 예를 들어 수행을 하다 졸리면, 눈을 부릅떠보거나, 밝은 것을 보거나, 팔다리를 주물러보거나, 일어서서 걷거나, 밖에 나가 걷거나, 세수를 해보고, 그래도 잠이 오면 잠깐 눈을 붙이라는 것이 부처님의 당부입니다. 흔히 회자되는 수행담에서와 같이 날선 칼이나 송곳을 놓거나 벼랑 끝에 앉아 참선하는 것은 올바른 수행법이 아닙니다. 물론 죽음을 각오한다는 의지이겠지만 그러다 다치거나 목숨을 잃으면 수행이나 할 수 있겠습니까?

그러면 열반에 이르는 여덟 가지의 바른길에 대하여 살펴보겠습니다.

첫째는 바른 견해(正見)입니다. 바른 견해란 '일체가 덧없고 실체가 없으며, 그래서 괴롭다'고 하는 삼법인三法印을 아는 것, '조건으로 형성된 모두가 것은 괴롭고, 그 괴로움은 갈애와 집착으로부터 나오며, 그 괴로움은 소멸할 수 있으며, 소멸하는 바른길이 있다'는 사성제四聖諦를 아는 것, 선과 악을 알고, 삼독을 이해하며, 인과因果와 연기緣起를 아는 것이 바로 정견입니다. 그러니 정견은 깨달음이고, 팔정도는 깨달음에서 시작됩니다. 그러나 정견을 완전하게 깨닫지 못하더라도 그렇게 알고 수행하면 깨달음은 저절로 열릴 것입니다.

둘째는 바른 사유(正思惟)입니다. 우리의 마음가짐이 바른 것을 말합니다. '감각적인 욕망이 없는 마음, 나쁜 의도가 없는 마음, 남을 해치려는 의도가 없는 마음을 가지는 것'이 부처님이 『대념처경』에서 말씀하신 바른 사유입니다. 다시 말해서 탐·진·치 삼독을 버리고 자애롭고 연민하는 마음을 가지는 것이 정사유입니다.

셋째는 바른 언어(正語)입니다. 바른 언어라 함은 언제나 진실만을 말하며, 이간질이나 거친 말, 쓸데없는 말을 하지 않는 것입니다. 불자가 하지 말아야 할 10가지 악행 중에 입으로 짓는 망어(妄語, 거짓말)·기어(綺語, 꾸민말)·양설(兩舌, 이간질)·악구(惡口, 험담)의 죄업을 짓지 않는 것입니다. 그런데 말이라는 것은 우리의 생각이 언어로 표현된 것이 아닙니까? 물론 생각 없이 튀어나오는 말도 있지만, 그것도 실은 우리의 마음속에 내장된 잠재의식인 또 다른 생각에서 나온 것입니다. 그래서 우리는 다른 사람들로부터 답답하다는 말을 듣더라도 말하기 전에 자기 생각이 어떤지를 살피고 말을 하는 습관을 지니는 것이 중요합니다.

넷째는 바른 행위(正業)입니다. 산목숨을 함부로 죽이거나, 도둑질을 하거나, 잘못된 음행淫行을 하지 않는 것입니다. 불자가 자신의 생명을 유지하려고 다른 생명을 해치는 것을 넘어서 재미로 죽이거나 고통을 주는 사냥이나 낚시를 절대로 해서는 안 됩니다. 그리고 남의 것을 훔치거나 빼앗는 것은 물론이고 주지 않는 것을 가져도 안 됩니다. 또 음욕을 채우기 위해 다른 이성을 탐하거나 삿된 행동을 해서도 안 되는 것입니다.

다섯째는 바른 생계(正命)입니다. 먹고 사는 직업이 반듯해야 합니다. 예를 들어 사냥을 한다든지, 동물이나 독극물을 파는 직업이나, 사기성·사행성 직업을 가지면 안 됩니다. 같은 돈을 벌어도 남을 이롭게 하고 남을 즐겁게 해주는 직업을 가지는 것이 좋습니다.

여섯째는 바른 노력(正精進)입니다. 무엇을 열심히 한다고 다 좋은 것이 아닙니다. 노력도 바르게 방향을 설정하고 해야 합니다. 더 이상 악행을 하지 않고 악한 마음이 일어나지 않게 하며, 착한 마음을 길러 착한 일을 하는 것이 바른 노력입니다.

일곱째는 바른 마음챙김(正念)입니다. 항상 바르게 생각하고 그 마음을 간직하는 것입니다. 현상계에 사로잡히지 않고 깊게 실리實理를 생각해야 합니다. 호흡법이나 명상 수행을 할 때, 생각하는 대상을 놓치지 않고 바르게 알아차리는 것도 정념입니다.

마지막으로 바른 마음집중(正定)입니다. 마음챙김이 바르게 되어 선정禪定에 이른 상태, 즉 삼매三昧에 든 상태를 말합니다. 이는 마음이 조용하고 안락한 상태로 곧 깨달음이나 열반을 증득하는 과정의 마지막 단계입니다.

그런데 팔정도에서 정견과 정사유는 지혜의 수행이고, 정어·정명·정업·정정진은 계행戒行이며, 정념과 정정은 선정禪定 수행이 됩니다. 다시 말해서 불도佛道를 이루는 데 반드시 필요한 계·정·혜戒定慧 삼학三學이 바로 팔정도 수행인 것입니다.

불교가 어려울 것이 없습니다. 삼법인과 사성제를 잘 이해하고 팔정도만 닦으면 됩니다. 그 어려운 반야부의 모든 경전이 삼법인을 이해하고 깨닫게 하기 위한 사설일 뿐입니다.

세상에 물질적
만족은 없다

큰애가 늦은 나이에 어렵게 얻은 딸이 제법 재롱을 떨어 집안의 또 다른 기쁨이고 행복입니다. 두 돌을 지난 손녀가 어느 날 갑자기 말문을 트더니 이제는 못하는 말이 없습니다. 어른들께 인사도 잘하고 제법 눈치도 알아 귀여움을 독차지하지요. 할머니는 그런 손녀가 사랑스러워 더 크지 말고 이대로 머물었으면 좋겠다고 합니다.

그런데 그 귀여운 손녀에게도 약점이 하나 있습니다. 자기 것에 대한 소유욕이 어찌나 강한지 다른 사람이 쉽게 접근할 수가 없습니다. 게다가 초등학생인 4촌 형제의 것도 제 맘에 들면 떼를 써서 빼앗기 일쑤지요. 심지어 저를 귀여워하는 할머니도 '내 할머니'라고 우깁니다. 생후 30개월 된 손녀에게 이런 욕심이 어디서 나왔을까요? 어린 것이 누구에게 배웠을 리가 없지 않겠습니까?

부처님께서 말씀하셨습니다.

"갓난아이에게는 내 몸이라는 의식이 없다. 갓난아이가 어떻게 '나의 몸'이라는 견해를 가질 수가 있겠느냐? 내 몸이라는 견해를 일으키는 성향은 갓난아이 속에 잠재되어 있다."(『중아함경』 오하분결경)

그리고 관념·집착·도덕·쾌락 등의 성향도 마음속에 잠재되어 있다고 말씀하셨습니다.

탐심貪心은 우리 몸이 인지하는 감각적인 욕망으로 역시 인간의 마음속에 그 성향이 내재되어 있습니다. 그러니 본능적인 성향일 수밖에 없는 것이지요. 아마도 무시이래로 중생계衆生界를 윤회하면서 훈습薰習된 또 다른 마음일 것입니다. 그렇지 않고는 30개월 된 어린 것이 이처럼 제 것에 집착할 수는 없지 않겠습니까?

불교에서는 탐심을 삼독三毒 중에 하나라고 합니다. 삼독이란 좋은 보답을 받을 공덕功德의 근원이 되는 선근善根을 해치는 세 가지 독을 말하는데, 탐심·진심(嗔心, 화내는 마음)·치심(痴心, 어리석은 마음)을 말합니다. 그런데 이런 본능적인 마음을 우리가 잘 다스려야 극락極樂도 가고 부처도 될 수 있다고 하니, 이를 다스리고 소멸시킨다는 것이 얼마나 어렵겠습니까?

그런데 이런 본능적인 욕망이 우리 중생에게는 끝이 없이 솟아나는 것이 문제입니다. 그래서 부처님은 이렇게 말씀하셨습니다.

"사람에게는 한량없는 욕망이 있다. 이 나라는 이제 부유하고 번영하지만, 만일 동방에 부유한 나라가 있다고 왕에게 고하면, 왕은 군사를 일으켜 그 나라를 가지려 할 것이다. 남·서·북방의 나라에 대해서도 또한 그러하리니, 참으로 이 세상에는 물질적 만족이라는 것은 없다. 그러나 욕망은 물질 그 자체에 원인이 있는 것이 아니다. 인간의 애착과 생각이 인간을 부리기 때문이다"(『중아함경』)

이처럼 인간의 욕망은 채우고 채워도 끝이 없습니다. 그런 욕망을 다스리려면 지금 욕망이 일어나고 있다는 사실을 스스로 알아차려야만 합니다. 그리고 욕망의 근원이 무엇을 간절히 원하는 갈애이고, 그 갈애는 무엇을 좋다 나쁘다 하는 감각적인 느낌에서 나온다는 사실을 알아야만 합니다. 따라서 부처님의 말씀처럼, 욕망의 원인이 물질 자체에 있는 것이 아니라 애착하는 마음에 있음을 알고 스스로 마음을 다스리는 연습이 필요합니다. 내 마음을 내가 마음대로 부릴 수 있어야 합니다. 그리고 그렇게 마음대로 부릴 줄 아는 것을 지혜라고 합니다.

부처님은 탐욕을 다스리기 위해 부정관不淨觀을 말씀하셨는데, 사람의 육신이 깨끗하지 않음을 알게 하여 몸에 대한 애착을 내려놓게 하는 수행법입니다. 우선 눈으로 사람의 시신이 썩어서 백골로 변해가는 모습을 직접 확인하게 한 다음에, 마음속으로 이러한 모습을 반복해서 떠올리고, 또 자신의 몸을 구성하고 있는 여러 가지 요소(피·침·오줌·똥 따위)를 마음속에 떠올리면서 그렇게 지저분한 물건으로 가득 찬 내 몸이 깨끗하지 않음을 느끼고 확인하는 것입니다. 그러면 육신에 대한 집착이 사라지고 자연히 탐심이 다스려진다는 것이지요.

　그러나 이 수행만으로 탐심을 완전하게 소멸시킬 수는 없습니다. 진정한 소멸은 우리의 몸이 부정하다는 사실을 넘어서 나조차도 없다는 무아無我를 체험해야 가능합니다. 진실로 내가 없음을 알 때, 천지天地가 나와 한 뿌리이고, 만물이 나와 한 몸임을 터득하게 됩니다. 그러면 이웃도 나요, 중생도 나요, 세계가 나입니다. 그렇게 확인한 그 자리는 탐욕도 성냄도 어리석음도 없고, 『반야심경般若心經』에서처럼, 늙고 죽음도 없고, 늙고 죽음이 다함까지도 없습니다.

　그래서 우리는 수행을 해야만 합니다. 머리로 이해하는 것만이 아니라 몸으로 알아야 하므로 무아를 체득體得하려고 참선도 하고 염불도 하는 것입니다. 그러나 완전한 깨달음이 아니더라도 우리는 자연의 일원이고, 또 그곳에서 나왔다는 사실을 상기하며 자연과 하나 되는 노력을 하고, 또 이웃이 있어 내가 있다는 마음으로 공생共生, 공업共業의 인생관을 가진다면 자연스럽게 탐욕은 베푸는 마음으로 전환될 수 있습니다.

　이렇게 닦다 보면, 우리는 그 자리가 극락이고 부처인 것을 깨닫게 되는 것입니다.

화火는 선정禪定의
하늘까지 태운다

'욱' 하는 마음에 자기 자신뿐만 아니라 애꿎은 남까지 피해를 주는 일들이 허다합니다. 몇 해 전에 숭례문에 불을 지른 사건도 그렇고, 군대에서 심심치 않게 일어나는 총기사고도 그렇습니다. 또, 얼마 전 제주도에서는 부부싸움으로 화를 참지 못한 사람이 제집에 불을 질러 가족은 다치고, 집은 타버리고, 그리고 자신은 철창신세가 되었으니 얼마나 어리석습니까?

아내에게 운전을 가르쳐 준다고 나섰다가 이혼당한 남편이 있습니다. 모처럼 남편 역할 제대로 할 기회다 싶어 젠체하는 마음에 조수석에 앉았습니다. 그런데 영 아내의 운전 실력이 말이 아닙니다. 방향을 분간하지 못해 핸들을 반대로 돌리는가 하면, 차를 세우는데도 브레이크가 아닌 가속페달을 밟습니다. 원래 여성이 겁이 많고 소심한 면이 있는데다, 기계나 연장을 다루어 본 적이 없으니 서투를 수밖에 없잖아요. 그런 아내를 보고 남편이 짜증을 내기 시작합니다. '그것도 못하느냐'에 더하여, 위험한 상황이라도 연출되면 '×신', '똑바로 못해?' 하고 아내의 자존심을 자극하는 말까지 튀어나옵니다.

아내는 어떻습니까? 평소에 남편이 자상한 줄 알았는데 이제 보니 그게 아닙니다. 처음엔 자신이 못한다 싶어 미안한 마음도 있었지만, 계속되는 남편의 짜증과 자기를 무시하는 말에 마음이 상해서, '너는 처음부터 잘했느냐?', '더러워 안 해!' 하고 소리 지르고, 택시를 잡아타고 집으로 가버립니다. 그리고는 그동안 알았던 남편의 다른 모습에 화가 나서 씩씩거리며 '내가 이런 사람과 여태 살았다고, 더는 못살아' 하는 생각에 이르고, 분한 마음을 삭이지 못해 결국 헤어지고 만 것입니다.

이처럼 화는 사소한 짜증에서 발전하기도 하지만, 너무도 분한 일을 당하면 순간적으로 폭발하기도 합니다. 그래서 화를 분노忿怒라고 합니다. 그럼, 화는 왜 일어날까요? 무엇에 만족하지 못할 때, 감각적 욕망이 채워지지 않을 때, 무엇에 짓눌릴 때, 누구에게 속거나 멸시를 당할 때, 그리고 불의不義를 보았을 때 일어납니다. 이런 상황은 늘 일상적으로 부딪히는 것이니까 화는 일종의 자연스러운 정신현상입니다. 그래서 화는 누구에게나 다 있습니다. 다만 화를 표현하는 방법에 차이가 있을 뿐이지요.

세상에 유독 한국인에게만 있는 병이 있습니다. 바로 신병神病과 화병火病입니다. 두 병은 약이나 수술로는 치료가 안 됩니다. 그나마 신병은 신내림으로 고칠 수도 있지만, 화병은 치료가 쉽지 않습니다. 특히 화병은 화를 참아서 생기는, 요즈음 말로 스트레스가 쌓여서 생기는, 병입니다. 화병은 가슴이 답답하고, 소화도 안 되고, 때로는 열이 나는 등, 모든 질병의 증상이 다 나타나는 특징이 있습니다. 요즈음에는 화병을 가진 사람들이 그렇게 많지는 않지만, 예전에는 억압을 받던 여인네들에게 특히 많았습니다.

그리고 현대의학에서도 화는 심장병을 일으키는 원인이 되고 있다고 합니다. 화를 잘 내는 사람들이 그렇지 않은 사람들보다 심장질환으로 사망하는 비율이 무려 3배가량 높다는 연구결과가 있습니다. 그리고 화병의 전단계인 스트레스는 혈관을 수축시키는 특수 호르몬 분비를 촉진시켜 혈액의 흐름을 막을 수도 있다고 합니다.

흔히 성냄(忿怒)을 불에 비유하기도 하고 아예 화火라고 합니다. 이는 불이 모든 것을 태워버릴 수 있듯, 성냄이 나 자신은 물론 남까지도 태워버리는 속성이 있기 때문입니다. 그래서 부처님은 선근善根을 해치는 세 가지의 독毒 가운데 하나를 성냄이라 하였고, 여러 성인들도 이를 경계하여야 한다고 말씀을 하셨습니다.

"치열한 번뇌에는 탐욕과 분노와 어리석음이 있다. 이 세 가지 중에서도 분노의 번뇌가 가장 심하니 그 불은 욕계欲界로부터 첫째인 선정禪定의 하늘까지 태운다."(『출요경出曜經』)

"미련한 자는 당장 분노를 나타내거니와 슬기로운 자는 수욕受辱을

참느니라."(『잠언』12장)

"하루아침의 분을 참지 못하여 체통 잃고, 그 화禍를 부모에게까지 미치게 한다면 그것이 바로 미혹함이 아니겠는가."(『논어論語』)

그러면 화를 어떻게 다스려야 할까요?

부처님께서 말씀하셨습니다.

'그는 나를 욕하고, 때리고, 굴복시키고 강탈했다', 이런 생각을 마음에 새기면 미움 속에 살게 된다. '그는 나를 욕하고, 때리고, 굴복시키고 강탈했다', 이런 생각을 버리면 사랑 속에 살게 된다. 이 세상에서는 미움으로 미움을 몰아낼 수는 없다. 오직 사랑만이 미움을 물리치나니, 이것은 영원히 변치 않는 법法이다. (『법구경法句經』)

그렇습니다. 화나는 마음을 사랑으로 돌리면 됩니다. 한 생각을 바꾸는 것이지요. 폐차장에 가서 차를 부수든, 망치로 두더지를 잡든, 아니면 노래방에서 고래고래 소리를 지른다고 화가 완전히 다스려지지 않습니다. 물론, 어느 정도 스트레스가 풀리고 일시적으로 마음에 위안은 받겠지요. 다시 말씀드리지만, 화는 화가 올라오는 그 마음을 알아차릴 때만 다스릴 수 있습니다. 화가 나는 것을 모르고 하는 행동을 '욱하다'고 합니다. 그리고 바로 욱하는 행동이 나와 남을 해칩니다. 그러나 화가 날 때, '내가 화를 내고 있다'는 사실을 알아차리면 화는 저절로 다스려집니다.

새끼줄을
뱀이라고 하는 사람

솥뚜껑을 자라로 보고 놀란 일이 없습니까? 어두운 길에 버려진 새끼줄을 뱀으로 본 적은 없습니까? 솥뚜껑과 새끼줄을 자라나 뱀으로 보는 것, 즉 사실을 사실대로 보지 못하는 것을 어리석다고 합니다. 아니 그것은 어리석은 것이 아니라 착각이라고요? 맞습니다. 나중에라도 그것이 솥뚜껑이고 새끼줄이었음을 알았다면 착각이 맞습니다. 그러나 계속해서 착각 속에 있다면 이를 어리석다고 하는 것입니다.

사실을 사실대로, 즉 있는 그대로 아는 것을 불교에서는 여실견如實見이라고 합니다. 그리고 그렇게 볼 줄 아는 사람을 지혜로운 사람이라 하고, 반대로 그렇지 못한 사람을 어리석다고 하지요. 그러면 사실이라는 것이 무엇일까요? 바로 진리이고 상식이고 순리입니다. 만유萬有는 원인과 조건에 의해 존재한다는 사실, 모든 생명은 살기를 갈구하므로 그의 생명활동에는 괴로움을 수반할 수밖에 없다는 사실, 착한 일을 하면 복을 받고 악한 일에는 화가 미치는 것과 같은 당연한 사실들입니다.

그런데 무슨 절대자가 있어서 세상을 만들었다느니, 그를 따르지 않으면 착하게 살아도 지옥에 간다느니 하는 말에 속아 평생을 그의 종으로 사는 것은 새끼줄을 뱀으로 보는 것과 다르지 않습니다. 악한 짓을 하면 당연히 벌이 따름을 알지 못하고, 절대자를 믿기만 하면 죄를 사해 준다고 믿는 사람이 바로 어리석은 사람입니다. 왜냐하면, 이는 상식이 아니고 순리가 아니기 때문입니다.

부처님께서 이렇게 말씀하셨습니다.

"벗들이여, 실로 어리석음에 가리고 갈망에 속박된 중생들은 여기저기서 즐거움을 찾아 헤맨다. 따라서 새로운 윤회輪廻의 생존이 계속된다.", "벗들이여, 어리석음의 소멸에 의해 밝음(明)이 드러나고, 명이 생겨남으로 갈망이 소멸되어 새로운 윤회의 생존도 소멸된다."(『유명대경有明大經』)

그렇습니다. 어둠이 밝음으로 걷히듯이, 어리석음은 지혜로 소멸됩니다. 그러니 지혜를 밝혀야만 어리석음이 사라져서 생사윤회를 벗어나야 한다는 부처님의 말씀입니다. 그리고 지혜는 저절로 열리거나 계시의 선물로 주어지는 것이 아니라 수행을 통해 자기가 스스로 얻어야 하는 것입니다. 물론 선물을 받은 것처럼 쉽게 얻는 경우도 있지만, 이는 지난 생으로부터 닦아온 자신의 공덕功德의 결과이지 누가 던져준 선물이 아닙니다.

그러면 어떻게 해야 어리석지 않을까요?

무엇보다 인과因果를 알아야 합니다. 모든 것은 원인이 있고, 그 원인과 조건에 의해 결과가 나온다는 이치를 알아야 합니다. 착한 행동의 결과로 복을 받고, 악한 행동의 결과가 화로 돌아온다는 사실을. 그런데 정작 우리 주위를 둘러보면 꼭 그렇지도 않은 것을 종종 발견합니다. 평생 남을 괴롭히며 살아온 사람이 부모 잘 만나서 더 잘 살고, 복권을 사도 그에게 더 행운이 따르는 경우가 있습니다. 이럴 때는 참으로 허탈하고 살맛이 나지 않지요. 열심히 착하게 살면 하는 일이 잘 풀려야 하는데, 그 반대인 경우가 허다하니까요.

부처님께서 '선의 열매가 익기 전에는 착한 사람도 화를 당하고, 악의 열매가 익기 전에는 악한 사람도 복을 받을 수 있다(『법구경』法句經)'고 하신 말씀처럼, 오늘 착한 일을 했다고 내일 바로 복을 받을 수도 있겠지만, 꼭 그렇지가 않습니다. 열매가 익을 시간이 필요합니다. 악한 사람이 복을 받는 것은 그가 전에 지었던 선업善業이 남아 있기 때문입니다. 착함과 악함의 과보는 한 치의 오차도 없이 자신에게 돌아온다는 사실을 명심해야 합니다. 이생이 아니면 다음 생에라도.

인과는 단지 착하고 악한 일에만 적용되는 원칙이 아닙니다. 물이 낮은 곳으로 흐르듯, 음이 있어서 양이 있듯이, 세상이 존재하고 만유가 존재하는 법칙이 바로 인과법에 근거합니다. 원인과 조건이 어떤 결과를 가져온다는 것이 바로 인과법입니다. 여기서 원인이 인因이고 조건은 연緣이라고 하며, 만유萬有가 인연에 따라 생기기도 하고 없어지기도 하므로 연기緣起라고 합니다.

이러한 상식·이치·순리를 모르고 이를 거역하는 사람이 어리석은 사람입니다. 일체가 변화하기 때문에 거기에는 '나'라고 할 만한 고정된 실체가 없다는 사실을 모르고, 마치 꿈과 같고 허깨비 같고 물거품 같고 그림자 같은 나에 집착하는 사람을 어리석다고 하는 것입니다. 모든 생명이 살기를 갈망하고 자유를 원하는데, 그들을 속박하거나 죽이는 것을 취미나 장난으로 여기는 사람이 어리석은 것입니다. 그런데 대개는 약삭빠르고, 머리를 잘 굴리며, 쓸데없이 아는 것이 많거나, 혈기가 왕성한 사람일수록 이런 어리석음이 많습니다. 이들은 너무 잘 나고 똑똑해서 상식과 순리를 따르지 않고 무시하는 경향이 있기 때문이지요.

부처님께서 말씀하셨습니다.

"악행의 결과가 나타나지 않는 동안 어리석은 자들은 그것을 꿀처럼 달게 여긴다. 그러나 악행이 마침내 결과를 이끌어 올 때 그들은 크나큰 고통을 겪는다." (『법구경』)

세계가 발생하고
소멸하는 자리

괴로움과 욕망으로 가득한 중생의 삶을 괴로움의 원인인 갈애渴愛를 극복하여 열반에 이르는 부처의 삶이 되도록 가르치신 분이 고타마 붓다입니다. 여기서 중생의 삶이 고집苦集이라면, 부처의 삶은 멸도滅道가 됩니다. 그리고 부처의 삶, 즉 열반에 이르는 길을 중도中道라고 합니다. 중도는 치우치지 않은 바른길이어서 정도正道이고, 거기에는 여덟 가지인 팔정도八正道가 있습니다.

그런데 부처님이 중도를 두 가지의 의미로 말씀하셨습니다.

한 가지는 '거문고 줄이 팽팽하거나 느슨하면 좋은 소리가 나지 않는 것처럼, 수행도 극단에 치우치지 말고 중도를 택해야 한다'는 말씀으로, 이는 중간개념인 중용中庸과 같은 의미의 중도입니다.

그러나 부처님이 사왓티에 계실 때, '바른 견해'에 대하여 묻는 깟짜야나에게 설명하신 중도의 의미는 이와는 다릅니다.

"깟짜야나여, 사람들은 보통 유有의 입장이나 무無의 입장에서 매달리고 있다. 만약 이런 두 견해에 집착하지 않고 자아自我에 대하여 헤아리지 않으면 고통이 생길 때는 생기더라도 없어질 때는 없어질 것이니라. 이 점에 대하여 의심하거나 미혹하지 않고 남의 견해에 매달리지 않으면서 스스로 그런 점을 깊이 관찰하는 것을 바른 견해라고 할 것이다.

왜냐하면, 올바른 통찰력을 가지고 세계가 일어나는 것을 있는 그대로 보는 사람은 '세계가 존재하지 않는다(無)'라고 집착하지 않을 것이요, 올바른 통찰력을 가지고 세계가 변해가고 있음을 그대로 보는 사람은 '세계가 영원히 존재한다(有)'라고 집착하지 않을 것이기 때문이다.

대부분의 사람들은 어떤 주의·주장에 집착하고 종교적 교의敎義에 갇혀있다. 그렇지만 주의·주장이나 종교적 편견에 매달리지 않거나 그것을 곧이곧대로 집착하지 않는 사람은 자기의 경직된 관점을 가지고 논쟁하지 않는다. '일체는 존재한다'는 주장은 하나의 극단이다. '일체는 존재하지 않는다'는 주장도 또 다른 극단이다. 나는 이런 두 가지 극단을 버리고 중도를 말한다. 중도란 '이것이 있기 때문에 저것이 있고, 이것이 일어나기 때문에 저것도 일어난다'는 것이다."(『쌍윳따니까야』 깟짜나곳따 경)

부처님의 말씀은 중도가 바로 연기緣起라는 말씀입니다. 이것을 원인과 조건으로 하여 저것이 생기기도 하고(因緣生起) 소멸하기도 하기(因緣生滅) 때문에, 이것과 저것이란 극단을 버리면 어느 쪽에도 치우치지 않는 바른길이 되는 것입니다. 그리고 두 극단을 버리면 텅 비어 공空이 됩니다. 그래서 중도가 곧 공이고, 연기라고 하는 것입니다.

사실 곰곰이 살펴보면, 선이 있기에 악이 있지, 선과 악이 홀로 존재할 수 없습니다. 또 내가 있기에 네가 있고 세상이 있는 것이지, 나만 홀로 존재한다면 그것은 이미 나가 아닙니다. 이처럼 일체가 이렇게 상대에 따라 생기기도 하고 소멸함을 바로 알면 '세계가 영원히 존재한다(有)'거나 '세계가 존재하지 않는다(無)'는 생각을 할 수 없게 됩니다. 바로 유도 무도 아닌 그 자리를 공이고 중도라고 하는 것입니다.

그런데 우리 중생들은 모든 것을 내거去來·생사生死·증감增減·상단常斷·선악善惡 등의 양단을 기초로 사고하고 인식하고 분별합니다. 그리고 이러한 관념이 태생적으로 마음속에 깊이 뿌리박고 있습니다. 이를 어느 쪽에도 치우치지 않고 중도를 행하라는 것은 중용적인 중도가 아니라 양단을 버린 팔정도를 행하라는 것입니다. 팔정도를 바로 닦을 때 공을 체득하고, 열반에 이르는 것입니다. 팔정도에 대해서는 앞장의 설명을 다시 확인하시기 바랍니다. (60~63쪽 참조)

팔정도를 잘 닦는 사람은, 극단적인 종교관으로 이웃 종교를 미워하거나 폄하하질 않습니다. 중도를 잘 닦는 사람은 남이야 어찌 되었든 나만 살자고 하는 행동을 하지 않으니 산목숨을 죽이거나, 도둑질하거나,

술이나 마약에 취하거나, 거짓말을 하거나, 남의 이성을 탐하지 않습니다. 공을 잘 닦는 사람은 명품에 정신 팔고, 성형에 매달리지 않습니다. 연기를 잘 닦는 사람은 이웃을 싫어하거나 규범을 어기지 않습니다.

다시 말씀드려서 중도의 골자는 가고 오고, 나고 죽고, 늘고 줄고, 더럽고 깨끗하고, 즐겁고 괴롭고, 있고 없고, 착하고 악하다는 등의 상대적인 두 가지 극단을 버리는 것입니다. 버린다는 것은 집착하지 않는다는 말입니다. 그러면 그 자리는 무념無念이 됩니다. 이렇게 버리고 집착하지 않는 무념의 자리를 중도라고 하고 공이라고도 하는 것이지요. 그리고 그 가운데서 세계가 일어나기도 하고 소멸하기도 하니 연기인 것입니다.

공을 체득하면 과거에 집착하거나 미래에도 매달리지 않습니다. 그렇다고 현재에도 구속되지 않습니다. 어제의 내일, 그리고 내일의 어제인 오늘이 행복하면 어제도 내일도 행복한 것을 알아 오늘을 행복하게 살 줄 압니다.

부처님 말씀이라도
따져보고

절에서 새벽예불에 독송하는 이산혜연(怡山慧然)선사의 발원문에는 '삼재팔난三災八難 만나지 않고 불법인연 구족하여'라는 구절이 있습니다. 그리고 스님들이 부처님께 고하는 일상적인 축원문에도 '삼재팔난 실개소멸三災八難悉皆消滅'이라고 하여, 세 가지의 재앙과 여덟 가지의 재앙이 모두 소멸되기를 늘 기원합니다.

여기서 삼재란, 수재水災·화재火災·풍재風災와 도병재刀兵災·질역재疾疫災·기근재饑饉災를 말하는데, 전자를 대삼재, 후자는 소삼재라고 합니다. 대삼재는 물·불·바람에 의해 세상이 멸망하는 큰 재앙이고, 소삼재는 세상이 존속되는 동안에 사람에게 닥치는 전쟁·질병·기근의 작은 재앙을 말합니다.

그리고 팔난은 부처를 만나 구원받지 못하거나, 바른 법法을 만나지 못해 열반을 증득하지 못하는 여덟 가지의 경우를 말합니다. 열반에 증득하지 못하면 생사윤회를 거듭할 수밖에 없으니 이를 난難이라고 하는 것이지요. ①지옥·②아귀·③축생의 삼악도三惡道에 태어나거나, 너무 오래 사는 ④장수천長壽天과, 너무 즐거움이 많은 ⑤변지邊地에 태어나는 경우, 보고 듣지 못하는 ⑥맹농음아盲聾瘖瘂와 부처님이 계시지 않는 ⑦불전불후佛前佛後에 태어나는 경우, 그리고 ⑧세지변총世智辯聰이라고 해서 너무 세속적인 재주가 많아 정법을 우습게 아는 경우 따위가 팔난입니다.

사람의 몸으로 태어나기가 참으로 어렵다고 하는데, 사람으로 태어나도 부처님을 뵙거나 불법을 만나는 것은 더더욱 어려운 일일 것입니다. 그런데 태어남을 내 맘대로 할 수 없으니 ①에서 ⑦까지는 어쩔 수 없다 하더라도, ⑧처럼 세속적 이치에 너무 밝아서 정법을 우습게 알아 불연 佛緣을 맺지 못한다면 얼마나 원통한 일이겠습니까?

그런데 우리 주변에는 이런 사람들이 너무나 많습니다. 실상을 바로 보지 못하고 정법이 아닌 사법邪法을 믿고 신봉하는 사람이나, 사회적인 명성에 취하여 스스로 잘 낫다고 하는 사람, 재물과 객기가 넘쳐 즐길 것이 많은 사람, 감각기관이 왕성한 성장기의 젊은이들이 대체로 세지변총이 심한 경우가 많습니다.

부처님께서 바른 깨달음을 성취하신 다음, 바라나시의 까시로 가시다가 처음 만난 사명외도(邪命外道, 부정한 생활을 하는 이교도)였던 우빠까가 부처님을 보고 여쭈었습니다.

"거룩하신 수행자여, 당신의 모습은 거룩하고 얼굴은 자신감에 빛나십니다. 당신의 스승은 누구시며, 당신은 누구를 벗 삼아 공부하고, 무슨 법을 믿으십니까?"

그때 부처님은 당신이 '모든 것에 승리하여 일체를 아는 사람이고, 모든 상태에 오염되는 것이 없어 일체를 버리고 갈애渴愛를 부수어 해탈을 이루었다. 스스로 알았으니 누구를 스승이라 하겠는가'라고 하시면서, '이제 진리의 왕국을 세우고자 바라나시의 까시로 가서 어둠의 세계에 불사不死의 북을 울리리라'라고 대답하셨습니다.

그러자 우빠까가 말했습니다.

"수행자여, 당신은 스스로 거룩한 수행자가 되었다고 말하는군요?"

"번뇌의 소멸에 도달한 모든 수행자는 나와 같다. 나는 모든 번뇌의 상태를 극복하였다. 우빠까여, 나는 바로 승리자다."

그 말을 들은 우빠까는 "아마 그럴지도 모르지"라면서 고개를 저으며 다른 길로 가버렸습니다.

이는 『중아함경』『증일아함경』『사분율四分律』에 나오는 이야기입니다. 우빠까가 부처님의 첫 제자가 될 절호의 기회를 놓친 것입니다. 부처를 알아보지 못하고 외면해버린 최초의 무연중생無緣衆生이 된 셈입니다. 그 후, 우빠까는 사냥꾼의 딸 짜빠와 혼인하여 장인이 잡아오는 고기를 팔며 아들을 낳고 살다가, 뒤늦게 출가하여 부처님의 제자가 되었다고는 합니다.

혹시 여러분은 지금 우빠까처럼 부처의 가르침을 외면하지는 않고 있지는 않습니까?

부처님이신 고따마는 '무엇이든지 경험에 의해 확인되지 않는 것은 믿을 수 없다'는 입장을 취하십니다. 그래서 세상이나 인간의 운명을 좌우하는 어떤 초월적인 존재가 있다고 믿고 그를 숭배하거나 그에게 복종하라고 가르치지 않았습니다. 그래서 불교는 무조건 믿고 따르는 신앙의 종교가 아니라, 누구나 이해되기 때문에 믿을 수밖에 없는 신해信解의 종교입니다. 또한, 그런 믿음을 바탕으로 실천하고, 실천의 결과가 공덕으로 돌아오는 것을 체험하는 행증行證의 종교입니다.

부처님께서는 이 법을 '믿어라' 하지 않고 누구라도 '와서 보라'고 말씀하셨습니다. 또 '풍문이나 전설傳說, 그리고 소문에 이끌리지 말고, 어떤 종교의 가르침이나 논리 또는 추리에 불과한 말에도 이끌리지 않으며, 어떤 가르침이 비난을 받는다고 무조건 배척하지도 말고, 쓸모없는 것은 아닌지, 나무랄만한 것은 아닌지 등을 잘 식별하고 판단하여 거절할 것을 거절하라'고 가르치십니다. 그리고 '마찬가지로 내 말도 면밀히 검토하고 나서 옳다고 생각하면 받아들여야 한다'고 하셨습니다. (『중아함경』)

부처님의 말씀이라도 따져보라는 것입니다. 그러나 언제나 판단은 자기 몫입니다. 세지변총인 사람은 우빠까처럼 무연중생이 될 것이고, 그러다 보면 삼계고해를 벗어 날 수가 없겠지요.

상식과 이치를 바로 살필 줄 아는 지혜가 필요합니다.

3장

예수님이나
부처님이나

성인의 말씀은 옳습니다.
다만 받아들이는 사람들의 그릇에 따라 이를 담거나 담지 못할 뿐.
불행하게도 예수님의 진실한 뜻을 대부분의 사람들은 물론
예수님의 제자들이 더더욱 헤아리지 못하고 있는 것이 안타깝습니다.

하느님 나라는
너희 안에 있나니

어리석은 질문 같습니다만, 하느님은 어디에 계실까요? 아직도 많은 기독교인들이 '하느님은 하늘나라에 계시고, 하늘나라는 이 우주 어딘가에 있다'고 믿고 있습니다. 그래서 기독교 국가의 높은 산에 올라보면 어김없이 교회나 십자가, 그리고 예수나 성모聖母의 조형물이 있습니다. 또, 교회의 뾰족하고 높은 첨탑 위에 십자가를 세우는 것도 하늘나라에 더욱 가까이 다가가려 함입니다. 그리고 유럽의 대부분의 교회를 보면 인간의 모습을 한 하느님이 벽이나 천정에 그려져 있지요. 왜냐하면, 하느님이 인간을 만드실 때, 당신의 형상대로 만들었기 때문입니다.

정말 하느님이 인간의 모습이라면, 키는 크신지, 미남이실지, 또 이 우주 어디서 어떤 집에 살고 계실지 참 궁금합니다.

바리새인들이 그 하느님 나라가 언제 올 것인지를 예수님께 여쭙자 이렇게 대답하셨습니다.

"하나님의 나라는 눈으로 볼 수 있는 모습으로 오지 않는다. 또한 '보라, 여기 있다, 보라, 저기 있다.' 하고 말할 수도 없다. (왜냐하면) 하나님의 나라는 너희 안에 있기 때문이다."(『누가복음』 17장)

오늘날과 같은 문명시대에 하느님이 물리적으로 존재한다는 논리는 과학과 상식으로는 너무 어긋나는 주장입니다. 그래서 기독교에서도 요즈음은 '하느님은 내 안에 있다'는 믿음으로 바뀌고 있는 것으로 보입니다. 그렇다면 하느님은 당신의 존재를 마음으로 품지 못하는 사람에게는 어디에, 그리고 어떻게 존재하실까요?

언제인가 창조과학을 한다는 어느 교수가 '하느님이 존재하지 않는다는 확실한 증거가 없으므로 하느님은 존재한다'고 주장하는 글을 읽은 적이 있습니다. 보편성과 타당성, 그리고 추증성이 확보되지 않으면 과학이 아님을 천명해야 하는 과학도인 분이 어떻게 그런 황당한 논리를 펴는지 이해할 수 없었지만, 대부분의 기독교인들도 비슷한 생각을 하는 것을 뒤에 알았습니다.

불교에서는 모든 존재가 불성佛性을 가지고 있으며, 모든 현상은 다른 현상의 원인과 조건이 되어 상호의존하고 있다는 것이 기본적인 입장입니다. 그래서 부처님께서는 『화엄경華嚴經』에서 다음과 말씀하셨습니다.

"하나의 법(一法), 하나의 몸(一身), 하나의 나라(一國), 하나의 땅(一土), 하나의 중생(一衆生)일지라도 부처님이 나타나지 않는 곳이 없어, 어느 곳에서나 부처님을 볼 수 있다. 허공은 장애가 될 몸체가 없이 그냥 그대로의 허공인 까닭에, 사물이 있든 없든 간에 허공이 미치지 않는 곳이 없다. 마찬가지로 부처의 몸도 몸이 없는 까닭에 어떤 법, 어떤 일, 어떤 몸, 어떤 나라, 어떤 세계, 어떤 중생이라도 미치지 못하는 곳이 없다. 그 까닭은 무엇인가? 부처의 몸은 사실 몸이 없는 까닭으로, 중생을 위하여 다만 그 몸을 나투는 것이다."

그래서 처처불상(處處佛像, 곳곳이 불상이요) 사사불공(事事佛供, 일마다 불공 아님이 없다)이라 하는 것입니다. 그리고 선종禪宗에서는 '극락極樂이 따로 있는 것이 아니라 네 마음속에 있다', '네 마음이 곧 부처다(心卽是佛)', '본성을 알아 부처를 이룬다(見性成佛)'와 같은 말을 귀가 따갑도록 합니다.

극락세계는 고통 없이 즐거움만 누리며, 아미타불이 항상 설법하시므로 누구나 성불한다는 이상세계입니다. 마치 예수님이 하늘나라의 왕이신 것처럼 이곳의 왕은 아미타 부처님이십니다. 그런데 하늘나라가 내 안에 있는 것처럼, 그 나라가 바로 내 안에 있습니다. 내 안이란 바로 마음이고, 또 그 마음이 부처라는 것이지요. 마음이 부처니까 이 우주 법계에 가득하고 나타나지 않는 곳이 없고, 거기에는 안과 밖이 따로 없습니다.

부처란, 지금부터 2천 6백여 년 전에 인도에 실존했던 고타마 싯다르타라는 인물이 만유萬有의 진리를 깨달아서 전지全知하였기 때문에 붙여진 이름으로, '각자覺者'라는 뜻의 보통명사입니다. 그러니 싯다르타도 부처가 되었고, 또 누구라도 깨달아서 열반에 이르면 부처가 되는 것이지요. 그리고 우리는 누구나 깨달을 수 있는 능력, 즉 부처의 성품인 불성佛性을 이미 지니고 있습니다. 그래서 일체중생실유불성(一切衆生悉有佛性, 모든 중생이 불성이 있다)이라고 하고, 또한 즉심시불(卽心是佛, 마음이 곧 부처다)이라고 하는 것입니다.

불교적으로는 누구나 다 부처이고 하느님입니다. 다만 아직은 미혹함이 있어 중생인 것이지요. 무명無明이라는 이 미혹함, 즉 무명을 깨달음을 통해서 지혜로 바꾸면 그것이 부처입니다. 무명은 어둠이고, 어둠은 지혜라는 빛으로 없앨 수 있습니다. 무명을 밝힌다는 것은 수행을 통해 마음에 삼독三毒을 없앤다는 말입니다. 내 안에 탐내고 성내고 어리석은 번뇌를 소멸시키면 그것이 곧 하느님 나라인 것입니다.

내가 곧 길이요,
진리요, 생명이니

『요한복음』 14장에는 예수님께서 하늘나라에 대해 의심하는 제자들에게 당신을 믿고 따르라고 설득하는 장면이 나옵니다. '하늘나라에는 거처할 곳이 많아 너희를 데려다 같이 살게 할 것이고, 당신이 어디로 가는지 그 길을 제자들도 알고 있다'고 말씀하십니다. 그러나 제자들은 이를 믿으려 하지 않았습니다. 그때 도마는 '주께서 어디로 가시는지를 알지 못하는데, 어떻게 그 길을 알 수 있습니까?' 하고 묻습니다. 그에 대한 예수님의 대답입니다.

"나는 길이요 진리요 생명이다. 나를 통하지 않고서는 아무도 아버지께 갈 수 없다."

그래도 제자들은 이 말을 이해하지 못했습니다. 심지어 필립은 예수님께 '그 아버지를 우리에게 보여 달라'고 요구하고, 예수님은 자신을 믿지 못하는 제자들을 책망하면서 다시 이렇게 말씀하십니다.

"누구든지 나를 보는 사람은 아버지를 본 것이다."

부처님도 비슷한 말씀을 하신 상황은 이렇습니다.

제자 바깔리가 임종을 앞두고 부처님을 한 번 더 뵙고 싶어 요양하고 있는 오두막으로 오시도록 청했습니다. 그리고 바깔리가 왕림하신 부처님께 감격의 눈물을 흘리며, 부처님을 더 뵙지 못하고 세상을 떠나야 함을 안타까워할 때, 부처님이 말씀하셨습니다.

"바깔리야, 나의 보잘것없는 육신을 보아서 무엇하겠느냐? 법을 보는 자는 나를 볼 것이요, 나를 보는 자는 법을 볼 것이다."(『증일아함경』)

그리고 부처님께서 위없는 깨달음 이루신 다음 45년 동안의 기나긴 전법여정을 마치시고 80세의 노구老軀로 쿠시나가르에서 열반에 드실 때, 제자들에게 교단의 화합을 당부하시고 다음과 같이 마지막 유훈을 내리십니다.

"너희는 저마다 자기 자신을 등불로 삼고, 내가 가르친 진리를 등불로 삼아 살아가야 하리라. 모든 것은 덧없다 부지런히 열심히 정진하라."(『대반열반경』)

'자등명自燈明 법등명法燈明'으로 번역된 이 말씀에서 등불은 '섬'으로도 번역되고 있습니다. 고해苦海의 인생여정에서 길을 밝혀주는 것이 등불이고 몸을 쉴 수 있는 곳은 섬이니, 등불과 섬은 바로 '의지할 곳(依持處)'이라는 말입니다. 그리고 그 의지처가 부처님도 아니고 바로 자기 자신과 법(法, 진리)이라는 것입니다. 이는 각자 스스로가 하늘과 땅 어디에서나 가장 존귀(天上天下唯我獨尊)한 생명이니 자신이 곧 의지처이고, 부처님이 가르치신 법이 바로 진리이고 길이니 이를 믿고 열심히 공부하라는 말씀입니다.

또한, 늙어 버린 육신은 죽으면 흙으로 돌아갈 것이므로 아무리 본다한들 소용이 없는 일이니, 법을 터득하여 부처에 이르는 것이 바로 나를 보는 것과 같다는 말씀입니다. 그러니 부처가 곧 법이고, 법을 보는 자가 부처를 보는 것이지요. 다시 말해 길이요 진리요 생명이신 예수를 보는 자가 하느님 아버지를 보는 것과 법을 보는 자가 부처를 본다는 것은 다른 말이 아닙니다.

그리고 아버지에게로 가는 길은, 또 부처가 되는 길은 고난의 길이고, 그 길을 열어주시고 밝혀주시는 분이 예수님이고 부처님이시니 이분들이 곧 길이고 진리입니다. 그러니 예수님과 부처님을 통하지 않고는 그 길을 갈 수가 없습니다. 또한, 하느님과 예수님이 내 안에 계시고, 나 또한 하느님과 예수님의 품 안에 있으니 아버지는 나의 생명입니다. 그래서 내 안에 하늘나라와 극락이 있고, 마음이 부처라고 하는 것입니다.

다만 진리(法)를 불교에서는 공부와 수행을 통해서 스스로 체험하는 것이고, 궁극에는 보아야 할 법이나 부처가 따로 없습니다. 그러나 기독교에서는 그리스도에 의해 드러난 '계시의 선물', 즉, 강생降生의 신비를 통해 내려지는 성령聖靈의 선물이 진리라고 합니다. 그래서 불교에서는 수행을, 기독교는 믿음을 강조합니다.

그렇다고 불교에서 자기 노력으로 부처가 되는 고난의 길인 난행도難
行道만을 고집하지는 않습니다. 기독교에서 '오직 예수'처럼 '오직 아미
타불'의 믿음을 통해 극락에 가고, 거기서 부처가 되는 쉬운 방법도 있
습니다. 이를 아미타불의 도움으로 쉽게 닦는 길이라고 해서 이행도易行
道라고 합니다. 그러나 이행도 역시 쉬운 길이라고는 하지만, 자기가 헤
쳐 가야 하는 고난의 길입니다.

불교와 기독교가 모두 삶도 죽음도 없는 영원한 자유를 누리는데 목
표를 두고 있지만, 거기에 도달하는 방법엔 이런 차이가 있습니다.

마음이 깨끗한 이는
하느님을 본다

『성경』을 읽다가 소스라치게 놀란 일이 있습니다. 예수님의 말씀이 중국 당나라 때 선종禪宗의 6대 조사인 혜능(慧能,638~713) 스님의 말씀과 너무도 똑같은 구절을 발견했기 때문이었습니다.

"마음이 깨끗한 이들이여! 너희들은 하느님을 볼 것이다."(『마태복음』5장)

"마음이 깨끗한 것을 일러 부처라고 한다(心淸淨曰佛)"(『육조단경六祖壇經』)

다만 두 문장에서 다른 차이는 하느님과 부처라는 말뿐입니다. 그런데 마음이 깨끗한 것을 부처라 하고 마음이 깨끗한 이가 하나님을 본다 했으니, 부처와 하느님은 같은 존재가 아닐까요? 여기서 깨끗한 마음이란 순수한 마음으로, 『마태복음』에서 말하는, 마치 때 묻은 옷을 빨아 깨끗한 옷으로 바꾸듯 그렇게 변화시킨 마음을 말하고, 이처럼 변화된 마음을 가진 사람이 하느님을 볼 수 있다는 것입니다.

그런데 기독교에서의 문제는 사람이 세상을 살아가면서 겪는 온갖 풍상 때문에 생기는 마음의 때와 얼룩을 자기가 빨아서 깨끗하게 하는 것이 아니라 하나님의 은총으로만 깨끗하게 할 수 있다는 논리입니다. 나아가 마음이 깨끗한 분은 예수 그리스도이니, 그 예수님을 통해서만 깨끗한 마음을 가질 수 있다는 것이지요. 다시 말해서 예수님이 아니면 깨끗한 마음을 가질 수도, 하느님을 볼 수도 없다는 것입니다. 그런데 이러한 관점은 예수님의 가르침이라기보다는 기독교인들의 생각으로 보입니다.

『요한계시록』7장에는 "그가 나에게 이르되 이는 큰 환난에서 나오는 자들인데, 어린 양의 그 옷을 씻어 희게 하였느니라."라는 말씀이 있습니다. 사도 요한이 상상 속에서 천국엘 갔는데, 그때 흰옷을 입은 무리를 만났다고 합니다. 그래서 이들이 누구이고 어디서 왔는지에 대한 의견을 나누는 것을 보고 예수님이 일러 주셨지요. 큰 환란으로 상처받고 더러워진 마음들을 예수님의 피로 깨끗이 씻어서 순수한 마음이 되었고, 이들은 천국에서 하느님을 모시고 살게 되었다는 것입니다. 그래서 예수님께서 마음이 청결한 사람은 하느님을 만날 복이 있다고 말씀하셨던 것입니다.

또한, 사도 바울은 기도를 하면서 삼층 천에 올라가 하늘나라를 보았고, 사도 요한은 밧모섬에서 기도 중에 하늘의 계시를 듣고 어린양인 예수를 보았다고 합니다. 그리고 다윗도 하느님을 보았다고 『시편』에서 밝히고 있습니다. 그러나 성경 어디에도 깨끗한 마음이 무엇이고, 어떻게 하면 깨끗한 마음에 도달할 수 있는지에 대한 구체적인 언급이 없습니다.

그러면 불교의 가르침을 봅시다.

불교의 궁극목적이 부처가 되는 것이고, 마음이 깨끗한 것이 부처이니 불교의 목적은 마음을 깨끗이 하자는 것입니다. 팔만대장경 모두의 가르침이 깨끗한 마음을 가지기 위한 이론과 수행방법을 담고 있습니다. 그래서 불교를 마음공부라 하는 것입니다.

그러면 불교에서 말하는 깨끗한 마음이란 무엇일까요? 그것은 이 세상을 있는 그대로 볼 수 있는 마음, 즉 여실견如實見이라고 합니다. 있는 그대로 보려니 마음에 때가 끼어 있으면 제대로 볼 수가 없겠지요. 마치 거울에 얼룩이 있으면 피사물이 있는 그대로 비추어질 수 없는 것처럼. 삼라만상을 있는 그대로 보면 바로 그대로가 연기緣起고, 공空이고, 중도中道라서 일체가 부처고 극락인데, 다만 보는 사람의 마음에 때가 끼어 제멋대로 보기 때문에 차별이고, 중생이고, 지옥이라는 것입니다. 여기서 때와 얼룩은 바로 탐내고 화내고 어리석은 삼독심(三毒心, 貪·瞋·癡)을 말합니다.

중생의 마음은 무시이래 과거세부터 쌓여온 습기習氣 때문에 쉽게 깨끗해지기가 몹시 어렵습니다. 예를 들어 '나'라는 실체가 없는데도 '나는 존재한다'는 고정관념은 설사 무아無我를 이해했다 하더라도 쉽게 바뀌지 않습니다. 그래서 수행을 통해 머리가 아닌 몸으로 이해해야만 비로소 삼독을 멸할 수가 있습니다. 이를 체득體得한다고 합니다.

이러한 깨달음의 체득은 쉽게 얻는 사람도 있지만 어떤 이는 평생을 닦아도 얻지 못합니다. 그리고 사람에 따라서 닦아가는 방법도 매우 다양합니다. 전통적으로 부처님이 제자들에게 가르치신 방법은 사념처四念處·사정근四正勤·사신족四神足·오근五根·오력五力·칠각지七覺支·팔정도八正道 등 37가지의 도품(道品, 수행단계)이 있습니다. 그러나 부처님은 근기(根機, 능력)가 낮은 제자에게는 청소하고 염불하는 것만으로도 깨끗한 마음에 도달하게 하였습니다. 또 불자들이 하는 참선參禪·간경看經·염불念佛·주력呪力·절(五體投地) 등이 모두 깨끗한 마음을 가지기 위한 수행법입니다.

깨끗한 마음을 가진 사람, 즉 삼독심을 버린 사람을 아라한阿羅漢이라고 부릅니다. 아라한은 수행이 완성되어 더 이상 배울 것이 없다는 의미로 무학無學이라고도 하며, '세상의 존경과 공양을 받을만한 분'이라는 뜻으로 응공應供이라고도 합니다. 부처님의 별호가 바로 무학이고 응공입니다.

다만 우리가 명심해야 하는 것은 깨끗한 마음은 스스로 닦아야지 누가 대신해줄 수가 없다는 것이 불교의 입장입니다.

마음이 가난한 자에게
복이 있나니

예수님께서 무리를 보시고 산에 올라가 앉으시니 제자들이 나온지라, 입을 열어 가르쳐 이르셨습니다.

"마음이 가난한 자는 복이 있나니 천국이 그들의 것임이요."

『마태복음』 5장에 나오는 산상설교의 내용입니다. 기독교에서는 이 산상설교를 하늘나라의 왕이신 예수께서 선포하신 '하늘나라의 헌장'이라고도 합니다. 바로 천국 백성들의 생활규범인 셈이지요. 특히 이 헌장은 그들에게 어떻게 살라고 하신 말씀이 아니라 하나님 나라에서 살 수 있는 백성들의 자격에 대하여 말씀하신 것입니다. 그 자격은 마음이 가난한 사람, 슬퍼하는 사람, 온유한 사람, 의義에 주리고 목마른 사람, 자비로운 사람, 마음이 깨끗한 사람, 평화를 이루는 사람, 그리고 의를 위해 핍박받는 사람들이고, 바로 이들이 하늘나라의 백성이 될 복이 있다고 하셨습니다.

그런데 그 자격의 첫 번째가 마음이 가난한 사람입니다. 가난한 사람이란 돈이나 재산이 없어 살기가 힘든 사람이라는 의미가 아니라 '누구의 도움이 없으면 살아갈 수 없는 사람'이라고 합니다. 다시 말해서 하느님의 도움이 없이는 홀로 마음을 바로 세울 수 없는 존재가 마음이 가난한 사람이라는 말이지요. 요즈음에 유행하는 말로 '오직 하느님', '오직 예수'라는 신념을 지닌 사람이 마음이 가난한 사람이고, 그들만이 하느님 나라의 백성이 될 수 있다는 말씀입니다.

또한, 사도 바울이 자신을 '모든 성도들 가운데 지극히 작은 사람보다 더 작은 자'라고, 하느님의 은혜 앞에서 자신을 낮추고 있는 것이나(『에베소서』 3장), 그의 아들 디모데에게 쓴 편지에서 자기를 '죄인 가운데 가장 악한 사람'이라고 하면서도 '그리스도 예수가 자신을 긍휼이 여겨 능력을 주셨다'고 한 것처럼(『디모데전서』 2장), '더 작은 자', '가장 악한 사람'을 마음이 가난한 사람이라고 합니다.

한편, 불교에서 마음이 가난하다는 것은 바로 무심無心과 하심下心을 말하는 것이 아닐까 생각합니다. 마음에 아무것도 가진 것이 없으니 무심이고, 그 마음이 바닥에 있으니 하심입니다. 그러니 무심이 마음이 가난한 것이고, 하심하는 사람이 더 작은 사람이 아니겠습니까? 그런데 무심의 불교적 정의는 '마음이 없다'는 뜻보다는 '마음을 비웠다'는 것이 올바른 표현입니다. 그리고 마음을 비웠다는 것은 '마음이 고요하여 산란함이 없다'는 뜻입니다. 중국 선종의 3대 조사이신 승찬(僧璨, ?~606) 대사도 그의 어록인 『신심명信心銘』에서 일체의 삿된 생각을 없앤 마음의 상태, 즉 망념을 떨어낸 마음을 무심이라고 했습니다.

불교수행의 하나인 참선의 목표는 바로 무심을 체득하는 것입니다. 먼저 깨달음을 통해 무심의 도리를 통달하고, 실제로 무심의 삶을 실천하는 것이 바로 해탈解脫이고 열반涅槃이라는 것이 불교의 가르침입니다. 그래서 중국 당나라 때, 마조도일(馬祖道一, 709-788)의 제자인 대주회해(大珠懷海, 720~814) 선사는 '일체처一切處에 무심한 것을 해탈'이라 하고 다음과 같이 말씀하셨습니다.

"모든 대상에 마음이 물들지 않으면 이것이 무념無念이니, 제 생각에 항상 모든 대상을 떠나 있어서, 그 대상에 마음을 내지 말아야 한다. 그러나 만약 아무것도 생각하지 않고 모든 생각을 아주 없애버린다는 것은 한 생각이 끊어지는 것이므로, 이는 곧 죽어서 다른 곳에 태어나는 것이니, 이는 큰 착오이므로 배우는 사람은 명심해야 한다." (『돈오입도요문론頓悟入道要門論』)

무심의 경지를 다른 말로 불생불멸不生不滅이라고 합니다. 여기서 '불생'은 사량思量하고 분별하는 마음을 내지 않아 일체의 번뇌 망상이 다 사라졌다는 말이고, '불멸'은 대 지혜 광명이 나타나 사라지지 않는다는 뜻입니다. 또한, 일체 번뇌가 사라지니 적(寂, 고요함)이고, 거기서 광명이 발하여 비추니 조(照, 지혜로 비추어 봄)입니다. 그리고 경전에서는 무심을 정혜定慧라고도 합니다. 정이란 일체 망상이 모두 없어진 것이고, 혜는 큰 지혜의 광명이 나타나는 것을 말합니다. 이처럼 무심인 불생불멸, 적조, 그리고 정혜를 이룬 사람을 우리는 부처라고 하는 것입니다.

사도 바울이 하느님 앞에서 자신을 '가장 작은 자', '죄인'이라 낮춘 것은 세속적인 의미의 하심일 것입니다. 이는 겸손과 겸양을 의미하지요. 그러나 불교의 하심은 마음 깊이 간직하고 있는 생각의 틀 자체를 바꾸는 것을 말합니다. 다시 말해서 『금강경金剛經』에서 말하는 아상我相·인상人相·중생상衆生相·수자상壽者相, 즉 자기·인간·중생·생명 중심의 입장에서 가지고 있는 뿌리 깊은 고정관념을 내려놓는 것이 바로 하심입니다.

무심과 하심은 오로지 일념으로 수행해야만 도달할 수 있습니다. 마치 오직 하느님에 의지하여 천국을 갈구하는 마음이 가난한 사람처럼.

하느님처럼
너희들도 온전해야

"하늘에 계신 너희 아버지가 온전하신 것처럼 너희들도 온전해야 한다."

『마태복음』5장에 나오는 예수님의 말씀입니다. 여기서 하늘에 계신 너희 아버지는 바로 하느님이고, 그 하느님이 온전하신 것처럼 너희들도 온전해야 한다고 하신 말씀의 동기는 이렇습니다.

'하느님은 선인善人은 물론 악인惡人에게도 해를 비추시고, 의義로운 자는 물론 불의不義한 자에게도 비를 내리시는 것처럼, 너희가 형제만 문안하지 말고 이웃과 원수까지도 사랑하라'고 당부하면서 하신 말씀입니다. 선인인지 악인인지, 의로운지 비굴한지, 형제인지 이웃인지, 원수인지 애인인지를 따지지 않고, 마치 태양이 누구에게나 골고루 빛을 내리는 것처럼, 모두를 차별 없이 평등하게 대하라는 것이지요. 바로 이것이 온전하다고 하는 것입니다.

불교경전의 최고봉으로 일체중생이 부처임을 밝힌 『법화경法華經』약초유품에도, 부처는 "모든 세간에 충족하게 단비를 골고루 내리는 것과 같이 귀하고 천함, 높고 낮음, 계행을 갖추고 파함, 몸가짐이 단정하고 단정하지 못함, 바른 생각을 하고 삿된 생각을 함, 총명하고 둔함 등을 가리지 않고 평등하게 법法의 비를 내린다"고 하였으며, 『화엄경華嚴經』의 가르침을 요약한 의상(義湘, 625~702)조사 법성게法性偈에는 "보배로운 비가 우주에 가득히 중생에게 차별 없이 내리지만, 중생은 자기 그릇만큼만 이익을 얻는다"고 하였습니다.

이처럼 차별 없이 모두에게 법의 비를 내리는 이가 곧 보살이고 부처입니다. 선인과 악인을 구분하지 않고 평등하게 사랑하는 이가 바로 온전한 사람이고, 그분이 곧 예수이고, 하느님이며, 보살이고 부처입니다.

인류 최초로 온전했던 이는, 하느님이 자신의 형상으로 창조하여 부족함이 없이 에덴동산에서 살게 했던, 아담과 하와였습니다. 그러나 그들이 사탄의 꼬임으로 하나님의 말씀을 거역하자 이들에게는 온전함이 사라져버리고 만 것이지요. 그래서 하느님께서 독생자 예수 그리스도를 이 땅에 보내셨습니다. 그리고 예수님은 아담과 하와의 잘못으로 빚어진 인간의 원죄를 피로서 대신하고자 십자가에 못 박히시고 부활하신 분입니다.

그런데 안타깝게도 성경에 등장하는 대부분의 인물이 온전하지 못했던 것으로 보입니다. 예를 들어 아브라함은 99세가 되어서도 '너는 내

앞에서 온 마음으로 순종하며 깨끗하게 행하라'고 하느님의 당부를 들었고, 방주를 만든 노아도 홍수 후에는 술에 취해 벌거벗고 돌아다니다 자녀에게 수모를 당한 일이 있습니다. 그리고 출애굽의 영웅 모세와 하느님께 한없는 사랑을 받았던 다윗도 온전하지 않기는 마찬가지였습니다.

그래서 기독교에서는 인간은 온전할 수 없다고 합니다. 온전한 존재는 하느님과 그의 독생자인 예수 그리스도뿐이라는 것이지요. 예수님께서 '너희들도 온전해야 한다.'고 분명히 말씀하셨는데도, 대부분의 기독교인들은 이 말이 예수님을 본받으라는 의미이지 그분과 같이 되라는 말씀이 아니라고 해석합니다. 과연 옳은 해석일까요?

'온전하다'는 말의 사전적 의미는 '본디 그대로 고스란하다'입니다. 이는 '본래 있었던 그대로', '변화됨이 없이', '바탕 그대로 고스란히'라는 뜻입니다. 우리의 본성은 본래 온전하므로 예수님께서 '온전하라' 하심은 본래의 성품으로 회복하라는 말씀입니다. 그리고 본래의 성품이란 우리가 온전히 지녔어야 할 성품, 바로 예수님의 성품, 하느님의 성품과 같은 성품입니다.

그런데 왜 신부님이나 목사님들이 한결같이 온전함을 '목표에 도달한' '충분히 달성된', '완전한'이란 뜻으로 풀이하고 있는지 이해할 수 없습니다. 그러니 온전한 사람은 '목표에 도달한 사람', '충분히 달성된 사람', '완전한 사람'이 되고 맙니다. 물론 이 말이 원뜻과 전혀 관계없는 것은 아니라도 분명히 의미는 다릅니다.

최상의 진리를 깨닫는 길과 수행법을 설한 『원각경圓覺經』 보안보살장

품에도 이런 말씀이 있습니다.

"바야흐로 중생이 본래 부처이니 생사와 열반이 지난밤 꿈과 같도다."

본래 부처인 성품을 되찾으니 앞서 중생의 삶이 꿈속의 일과 같다는 말이지요. 바로 온전함으로 돌아가니 내가 이미 부처라서 열반도 허깨비와 같더라는 말입니다. 그러니 본성을 회복하면 내가 바로 부처이고 하느님인 것입니다.

『마태복음』에서 온전한 사람이 되기 위해서는 이렇게 해야 한다고 예수님께서 당부하신 말씀들입니다.

"너희를 저주하는 사람들을 축복하라!"

"누가 오른뺨을 치거든 왼뺨마저 돌려대라!"

"원수를 사랑하고, 너희를 핍박하는 사람을 위해 기도하라!"

『아함경』, 『열반경』, 그리고 『분별보시경分別布施經』에서 온전한 사람이 되기 위해서는 이렇게 해야 한다고 부처님께서 당부하신 말씀들입니다.

"부모를 죽인 원수라도 보복하지 마라."

"원수라도 부모를 대할 때처럼 평등한 마음으로 대하라."

"사람을 가리지 말고 평등한 마음으로 골고루 보시하라."

오른손이 한 일을
왼손이 모르게

"가난한 사람을 구제할 때는 위선자들처럼 사람의 칭찬을 받으려고 회당會堂과 거리에서 나팔을 불며 떠들지 마라. 내가 진실로 너희에게 말한다. 그런 사람들은 자기 상賞을 이미 다 받았다. 너는 가난한 사람을 구제할 때는 오른손이 하는 일을 왼손이 모르게 하라."

『마태복음』 6장의 말씀입니다. 특별히 어려운 말이 없어 따로 설명할 필요가 없습니다. 다만, 남을 위해 좋은 일을 베풀면서 이를 자랑하지 않는 사람, 자신 스스로도 그 자랑을 잊은 사람은 자기가 받아야 할 상을 이미 다 받았다는 것은, 그런 선행을 하느님께서 보이지 않는 곳에서 다 지켜보시고, 그에게 하늘나라에 임할 자격을 이미 주셨다는 말일 것입니다.

선행善行을 하면서 남은 물론 자신 스스로도 모르게 한다는 것은 참으로 어려운 일입니다. 보통의 사람은 근본적으로 젠체하고 뽐내려는 마음이 항상 내재하고 있고, 사회 분위기도 그리하도록 부추기는 경향이 있어 더욱 쉽지 않습니다. 병원 로비의 벽에 즐비하게 걸린 기부자 명단을 보아도 그렇고, 심지어는 종교단체인 교회나 사찰의 벽이나 기둥에 달아놓은 기부자 이름들도 그렇습니다. 그리고 보면 적지 않은 돈을 불우이웃을 위해 슬그머니 내놓고 사라지는 이름 없는 기부자는 참으로 이 시대의 천사天使이고 성인聖人이 아닐 수 없습니다.

불교에서는 남을 위해 베푸는 일을 보시布施라고 합니다. 보시는 대승大乘의 보살이 이상세계인 피안彼岸, 즉 열반에 도달하기 위해 수행하는 여섯 가지의 덕목德目인 육바라밀(六波羅蜜, 보시布施·지계持戒·인욕忍辱·선정禪定·정진精進·지혜智慧를 말함) 가운데 첫 번째에 해당합니다. 그리고 보시를 어떻게 해야 하는지는 『금강경金剛經』에도 잘 나와 있습니다.

"보살은 마땅히 법法에 머무는 바가 없이 보시를 하라. 색·소리·향기·맛·촉감·법에 머물지 말고 보시하라. 보살이 만약 이런 상相에 머물지 않고 보시를 하면 그 복덕을 가히 생각할 수가 없이 크다. 끝이 없는 허공을 가히 측량할 수 없듯이 이 복덕福德 또한 가늠할 수가 없는 것이다."

이러한 보시를 흔히 '무주상보시(無住相布施, 흔적이 없이 베푸는 보시)'라고 합니다. '내가 누구에게 무엇을 베풀었다'고 하는 생각조차 마음에 두지 않고 무심無心으로 베푸는 보시를 말합니다. 이러한 보시가 상相에 머물지 않는 보시이고, 색·성·향·미·촉·법色聲香味觸法의 여섯 가지 경계六

境에 머물지 않는 보시가 됩니다. 다시 말해서 왼손이 모르는 것은 물론 오른손도 모르게, 즉 마음에 보시했다는 흔적(相)을 가지지 않는 보시가 무주상보시입니다. 그리고 이렇게 보시를 하면 그 복덕은 크기를 가늠할 수 없는 하늘만큼이나 크다는 것이지요. 마치 하늘나라에 임함을 주시는 상처럼. 세상에 이보다 더 큰 상은 어디에도 없습니다.

무주상보시를 설명하면서 자주 인용하는 이야기입니다.

1천5백여 년 전, 인도에서 중국으로 건너와 선종禪宗의 초조初祖가 된 달마達磨대사가 양梁나라의 황제인 무제武帝를 만났습니다. 무제는 불교를 숭상하여 인도에서 불경佛經을 들여와 번역하고 수천 곳에 절을 세우기도 해서, '불법천자佛法天子' '황제보살皇帝菩薩'로 불리는 인물이었습니다. 양 무제가 달마대사를 만나 자기자랑을 늘어놓았습니다.

"왕이 된 이래 나는 실로 많은 절을 짓고, 숱한 경전을 펴냈으며, 수많은 승려들을 먹여 살렸습니다. 과연 이 모든 일이 큰 공덕이 되겠습니까?"

그러자 달마대사는 한마디로 잘라 말했습니다.

"공덕이 없습니다(無功德)."

물론 양 무제가 자기자랑을 했다 해도 선행을 한 것은 분명하니까 그에게 복은 있었을 것입니다. 그러나 그의 선행이 무주상이 되지 못했으니 수행의 결과로 얻는 은혜인 공덕은 얻지 못했다는 것입니다. 공덕은 우리가 부처가 되는데 쓰이는 소중한 자량資糧입니다. 바로 하늘나라에 임하는 자격인 셈이지요.

또 이런 이야기도 있습니다.

중세 일본의 임제종臨濟宗을 중흥한 백은(白隱, 1685~1768) 선사는 길을 가다 길가에서 추위에 떨고 있는 문둥이를 보았습니다. 행색이 너무도 불쌍하여 마침 시주받은 돈이랑 자신이 입고 있는 옷을 벗어서 문둥이에게 주었답니다. 그런데 당연히 고맙다고 해야 할 문둥이가 인사는커녕 말도 없이 표정조차 시무룩한 것입니다. 그래서 백운선사가 그를 타일렀습니다.

"이보게, 남의 신세를 지고도 고맙다는 인사도 못하는가?"

그런데 문둥이의 대답이 정말 가관입니다.

"스님의 보시를 제가 받아주어서 스님이 복을 짓게 되었으니, '고맙다' 는 인사는 오히려 제가 받아야 하는 것이 아닙니까?"

그 말에 백은선사가 크게 깨달았답니다. 그래서 문둥이에게 무주상 보시에 대한 가르침에 감사의 절을 올리고 나서 고개를 들어보니 문둥이는 간데없고 그 자리에 연꽃 한 송이만 놓여있더랍니다. 그 문둥이는 백은선사에게 보시의 참뜻을 가르쳐주기 위해 오신 문수보살文殊菩薩이었답니다.

부자는
천국 가기 어렵다

『누가복음』 18장에서 영원한 생명을 얻으려면 어떻게 해야 하는지를 묻는 한 부자에게 '계명을 잘 지키고 재산을 처분하여 가난한 사람들에게 나누어준 다음 나를 따르라'고 하시며 예수님이 하신 말씀입니다.

"부자들이 하느님 나라에 들어가기가 얼마나 어려운지 모른다. 부자가 하느님 나라에 들어가는 것보다 낙타가 바늘구멍으로 지나가는 것이 더 쉽다."

그리고 『누가복음』 16장에는 영원한 생명을 얻는 일과 돈을 벌어 부자가 되는 일은 함께할 수 없다는 것을 종이 두 주인을 섬기지 못함에 비유하여 다음과 같이 말씀하셨습니다.

"한 종이 두 주인을 섬길 수 없다. 이 주인은 미워하고 저 주인을 사랑하든가, 저 주인에게 헌신하고 이 주인은 무시하든가 할 것이다, (이처럼) 너희가 하느님과 재물을 동시에 섬길 수 없다."

　불교에서 영원한 생명을 가진 부처가 되려면 마음에 세 가지의 독을 버려야 합니다. 다시 말해서 마음을 깨끗하게 하고, 온전히 하고, 무심하려면 탐내고·성내고·어리석은 마음을 버려야 하는 것이지요. 그리고 탐내는 마음(貪心, 慾心) 가운데 재물에 대한 욕심이 가장 버리기가 어려운 독입니다. 그래서 사찰의 주련에 흔히 걸려 있는 '삼일수심천재보(三日修心千載寶, 3일 동안 닦은 마음이 천 년을 지탱하는 보물이요) 백년탐물일조진(百年貪物一朝塵, 백 년을 탐하여 얻은 재화는 하루아침의 티끌이다)'라는 글도 부처 되기 위해 마음 닦는 일이 얼마나 중하고, 재물 모으는 일이 얼마나 허망한지를 강조하는 말입니다.

　또, 중국 당나라 때, 남산도선(南山道宣, 596~667) 율사는 그의 저술인 『정심계관淨心誡觀』에서 다음과 같이 적었습니다.

　"무릇 도를 닦고자 한다면, 삼업三業 가운데서 먼저 재물과 색, 두 가지를 끊어야 한다. 재물을 탐하지 않으면 아첨과 다툼이 없고, 색을 탐하지 않으면 끓어오르는 번뇌가 없다."

　그래서 부처님께서는 출가한 수행자에게 일체의 경제활동을 금하게 하셨습니다. 몸에 걸치는 옷도 세 가지만 허락했고, 지녀야 하는 물건도 먹고 수행하는 데 꼭 필요한 일곱 가지만을 소유할 수 있었습니다. 또한, 걸식乞食을 할 때도 조리된 음식만을 탁발托鉢하게 하여 돈이나 곡식 등의 재물이 쌓이는 것을 엄격하게 계율로 금지하였습니다. 물론 이는 탐욕을 다스리기 위한 방법이었지요. 부자가 천국 가기 어렵다는 예수님의 말씀은 바로 불교의 출가 수행자에게도 똑같이 적용되는 말씀입니다.

그러나 나라에 세금을 내고 가족을 부양해야 하는 재가在家는 다릅니다. 부처님께 기원정사祇園精舍를 지어 바친 사위국의 급고독給孤獨 장자는 엄청난 부자였습니다. 부처님은 그에게 왜 재물을 벌어야 하는지를 이렇게 말씀하셨습니다.

"급고독장자여, 재물을 벌어야 하는 이유가 다섯 가지 있다. 무엇이 다섯인가? 장자여, 여기 성스러운 제자는 열정적인 노력으로, 팔의 힘으로, 땀으로 획득하고 정당하고 법답게 얻은 재물로 자신을 행복하게 하고 만족하게 하고 바르게 행복을 지킨다. 또 부모를, 아들과 아내와 하인과 일꾼들을 행복하게 하고 만족하게 하고 바르게 행복을 지키게끔 한다. 장자여, 이것이 첫 번째 재물을 벌어야 하는 이유이다."

그리고 두 번째는 그렇게 얻은 재물로 친구와 친척들을 행복하게 하고 만족하게 하고 바르게 행복을 지키게끔 하고, 세 번째는 그렇게 얻은 재물로 모든 재난, 즉 불과 물과 왕과 도둑과 적들과 나쁜 마음을 가진 상속인 등으로부터 자신을 안전하게 보호하며, 네 번째는 그렇게 얻고 지킨 재물로 다섯 가지의 헌공(친지, 손님, 조상, 나라, 그리고 신에게 헌공)을 하며, 다섯 번째는 그렇게 얻고 지킨 재물로 수행자들에게 정성을 다해 보시하라는 것입니다. (『앙굿다라니까야』 문다왕품)

또한 『아함경』 『중아함경』 『잡아함경』 『법구경』 등의 많은 경전에서 '재산을 늘리되 정당하게 하고 저축했다가 좋은 곳에 보시하는 것은 덕德

이 되는 좋은 일'이라고 하셨습니다.

초기경전인 『자카타』에도 부자가 되는 재미있는 이야기가 있습니다.

어떤 가난뱅이가 길을 가다 죽은 쥐 한 마리를 보고 쓸데가 있을까 싶어 주었다가 선술집의 고양이 먹이로 1냥을 받고 팔았답니다. 그리고 그 돈으로 사탕즙을 사서 화환 만드는 사람에게 주고 꽃 한 다발을 받고 이를 팔아서 8냥이 되었지요. 그러다가 그 돈으로 성안의 아이들에게 사탕즙을 사서 주고 공원에 떨어진 나뭇가지를 모으게 하였지요. 그리고 땔나무를 찾는 옹기장수에게 그것을 주고 16냥과 옹기그릇 다섯 개를 받았습니다. 그릇도 팔아서 24냥을 만들어 그 돈으로 물을 샀습니다. 그리고 그 물을 목이 말라 하는 풀 베는 인부들에게 모두 나누어 주고 대신 풀 한 단씩을 받았습니다. 그런데 마침 말 5백 마리를 가진 사람이 풀을 구하지 못한다고 해서 1천 냥을 받고 그 풀을 팔았습니다. 이런 방법으로 가난뱅이는 큰 부자가 되었는데, 부처님께서는 이 사람을 작은 불씨로 큰불을 일으킨 영리하고 능력 있는 사람이라고 칭찬하셨습니다.

불교의 출가 수행자나 기독교인이 부자가 되면 안 되지만, 재가 불자는 정당하게 열심히 벌어 저축하고, 잘 쓰면 됩니다.

잃어버린 아들의
비유

『누가복음』15장에는 예수님의 조건 없는 사랑을 잃어버린 아들에 비유하신 말씀이 있습니다. 흔히 '탕자蕩子의 비유'라고 하는 말씀의 줄거리는 이렇습니다.

어떤 사람에게 두 아들이 있었는데, 큰아들은 아버지 곁을 지키고, 작은아들은 창녀와 바람이 나서 아버지에게 자기 몫의 재산을 챙겨서 멀리 다른 나라로 떠났습니다. 그런데 그 재산을 다 탕진하고 돼지나 먹는 쥐엄나무 열매조차도 먹을 수 없는 비참한 형편이 되자 작은아들은 다시 아버지에게 돌아왔습니다. 그러자 아버지는 마치 죽은 아들이 다시 살아온 것처럼 기뻐서 살찐 송아지를 잡아 큰 잔치를 벌였습니다.

이를 본 큰아들이 화가 났습니다. 자기는 평생 아버지에게 종처럼 복종하며 살면서도 아버지가 야윈 염소 한 마리라도 잡아준 일이 없는데, 재산을 탕진하고 돌아온 동생에게는 살찐 송아지를 잡아 잔치를 해주는 것이 못마땅했던 것입니다.

그러자 아버지가 큰아들에게 이렇게 말합니다.

"얘야, 너는 항상 나와 함께 있지 않았느냐? 그리고 내가 가진 것은 모두 네 것이다. 그러나 네 동생은 죽었다가 다시 살아났고, 내가 그를 잃었다가 다시 찾았으니 우리가 잔치를 벌이며 기뻐하는 것은 당연하지 않느냐?"

비슷한 이야기가 불교의 『법화경法華經』에도 있습니다. 신해품에 나오는 '궁자窮子의 비유'입니다. 부처님의 제자 마하가섭 존자께서 먼 훗날 부처가 되리라는 수기(受記, 예언)를 받고서 기쁜 마음으로 부처님께 비유로 드린 말씀입니다.

'어떤 사람이 어릴 적에 부모를 버리고 집을 나가 50여 년을 객지에서 말할 수 없는 고생을 하며 살았습니다. 그런데 그의 아버지는 엄청난 재산과 종들을 거느리고 무역을 하는 장자長子였습니다. 그리고 아버지는 50년 전 잃어버린 자식을 걱정하며 보배 재산은 많으나 이를 물려줄 자식이 없음을 한탄했습니다. 그러던 어느 날, 불쌍한 아들이 품이라도 팔기 위해 이곳저곳을 떠돌다가 장자의 집 앞에 이르렀는데, 너무도 집이 웅장하고 화려해서 놀란 나머지 다른 동네에 가서 일하는 것이 낫겠다고 생각해 도망을 쳤습니다. 마침 이 광경을 본 장자는 그가 자기 아들임을 알아보고 사람을 시켜 그를 불러들였습니다. 그런데 아들은 그들이 오히려 자기를 죽이려 한다는 생각에 기절해 버리고 맙니다. 그래서 장자는 여러 가지 유인책을 동원하여 아들을 자기 곁에 있게 하였고, 마침내 아들이 장자 곁에서 공부도 하고, 마음도 열게 되자 장자는 아들에게 사실을 말하고 재산과 보배를 물려주었습니다. 이에 아들은 "나는 본래부터 바라는 마음이 없었지만 이제 보배창고가 저절로 들어왔도다"라고 하였습니다.'

이 이야기에서 장자는 부처님이고, 아들은 제자들을 말합니다. 공부할 마음이 없고 방황하던 제자들을 부처님께서 큰 자비심으로 여러 가지 방편을 써서 유인하시어 가르치시고 깨닫게 하셨으니 부처님은 아버지와 같다는 말씀입니다. 그래서 제자들은 부처의 아들입니다. 그리고 부처님의 가르침을 따르는 우리도 부처님 아들인 것은 마찬가지입니다. 그래서 불교신도를 불자佛子라고 부릅니다.

궁자와 탕자라는 두 이야기에서 다른 점이 무엇입니까? 아마도 궁자와 탕자, 자비와 사랑이란 용어만 다르지 같은 이야기가 아닙니까? 그래서 어떤 학자는 예수님이 한때 인도로 가서 불교를 공부한 승려였기에 『법화경』을 공부하시고 똑같은 말씀을 하신 것이라고 주장하기도 합니다. 그러나 이러한 주장은 사실 여부를 떠나 여기서는 한낱 유치한 이야기일 뿐입니다. 부처님의 자비와 예수님의 사랑이 똑같이 무한하고, 조건 없는 아버지의 사랑과 같다는 사실이 중요합니다.

태양이 만유에 차별함이 없이 평등하게 비추고, 비가 온 세상을 평등하게 적시는 것처럼 부처님의 자비는 누구에게나 차별 없이 미치고 있습니다. 그러나 그늘과 같은 어떤 장애가 인연이 되어 그 빛과 비를 모두가 다 받을 수가 없는 경우가 있습니다. 그리고 빛과 비를 담는 그릇의 크기에 따라 성장하는 정도도 다르게 됩니다. 그러니 잘 자라고 못 자라는 것은 인연의 소치이고 자기의 능력에 달려있는 것입니다.

불교의 자비와 기독교의 사랑이 말만 다릅니다. 사실 사랑이라는 말도 불교에서 '끝없이 생각하고 헤아리다'라는 뜻의 사량思量이 변한 말입니다. 그러고 보면 기독교의 부활復活과 불교의 해탈解脫도 궁극적으로 같은 것은 아닐까요? 물론 '다시 살아남'과 '고통에서 벗어남'을 놓고 해석을 달리하겠지만, 우리가 종교에 의지하여 얻으려 하는 것이 무엇인가를 생각해보면 이 역시 같은 뜻으로 이해할 수가 있습니다.

그러니 내 믿음에만 부활이 있고 해탈이 있다고 주장하는 것은 아주 어리석은 생각입니다. 만약 우리가 부처님처럼 해탈하거나 예수님처럼 부활한다면 부처가 곧 예수이고, 예수가 부처라는 사실을 분명히 알게 될 것입니다.

재림再臨 예수와
미륵부처님

"우리가 예수께서 죽었다가 다시 살아나심을 믿을진대, 이와 같이 예수 안에서 자는 사람들도 하나님이 그와 함께 데리고 오시리라. 우리가 주의 말씀으로 너희에게 이것을 말하노니, 주께서 강림降臨하실 때까지 우리 살아 남아있는 이도 자는 사람보다 결코 앞서지 못하리라. 주께서 호령과 천사장의 소리와 하나님의 나팔 소리로 친히 하늘로부터 강림하시리니, 그리스도 안에서 죽은 이들이 먼저 일어나고, 그 후에 우리 살아남은 이들도 그들과 함께 구름 속으로 끌어 올려 공중에서 주를 영접하게 하시리니, 그리하여 우리가 항상 주와 함께 있으리라."

『사도행전』2장에 나오는 최후의 심판의 날 메시아인 예수님이 재림하시는 광경을 말씀하신 내용입니다.

불교에서도 석가모니 부처님이 입멸한 다음 말법末法세상이 오면 미륵 부처님이 도솔천에서 인간세계로 내려오셔서 중생을 구원하고, 안락한 용화세계龍華世界를 건설한다고 합니다. 이에 대한 경전의 내용은 다음과 같습니다.

'미륵보살은 미래세의 중생들에게 큰 귀의처(歸依處, 의지할 곳)가 되니 미륵보살에게 귀의하는 이가 있다면, 이 사람은 무상도(無上道, 최상의 진리)에서 물러나지 않게 되며, 미륵부처님의 광명을 보고 마침내 불도佛道를 이룰 것이다. 내가 열반에 든 뒤에 도솔천에 태어나고자 하는 이는 도솔천을 관찰하고 모든 계율을 지켜라. 그리고 하루나 칠일 동안이라도 '열 가지의 착한 일(十善)'을 생각하고 실천하라. 한 생각에라도 미륵보살을 부른다면 그는 마침내 1천 2백겁의 죄업을 다 소멸하게 되고, 미륵보살의 이름을 듣고 합장하고 공경만 하더라도 그는 마침내 50겁 동안 지은 모든 죄업을 다 소멸할 것이다.'(『미륵상생경彌勒上生經』)

'미륵보살이 도솔천에서 수범마 내외가 늙지도 젊지도 않은 것을 보고, 그들을 부모로 삼아 태어나서 이름을 미륵이라고 할 것이다. 그때 사람들의 수명은 8만 4천 세를 살아도 아프지 않으며, 미륵보살은 용화수龍華樹 아래에 앉아서 최상의 깨달음을 얻을 것이다. 그리고 처음 법회에서 96억, 두 번째는 94억, 그리고 세 번째 법회에서는 92억 명이 아라한阿羅漢인이 될 것이다.'(『미륵하생경彌勒下生經』)

미륵이라는 말은 범어로 마이트레야(Maitreya)인데 '자비롭다'는 뜻이라서 자씨慈氏로 번역합니다. 그리고 미륵은 성姓이고 이름은 아지타

(Ajita)로, 무승無勝 또는 막승莫勝이라고 합니다. 미륵의 정확한 발음은 산스크리트어로 마이트레야(Maitreya) 팔리어로는 메테아(Metteyya)인데, 이 말이 재림하는 예수를 뜻하는 메시아(Messia)가 된 것이지요.

미륵의 어원인 '마이트레야'라는 말은 본래 고대 북인도 지역에서 기원된 태양신 미트라(Maitr) 신앙에서 유래되었다고 합니다. 새 세상을 원하는 사람들의 갈망이 구세신앙을 낳았는데, 이 말이 인도에서는 구원불救援佛의 호칭으로, 기독교에서는 구세주救世主의 호칭으로 사용된 것입니다.

그리고 불교의 구세신앙은 도솔천의 천주天主인 미륵보살이 극심한 분열과 대립이 있는 난세亂世의 인간세계에 강림하여 새로운 지도자로서 인류를 구제한다는 내용이고, 기독교에서도 역시 말세에 메시아인 예수님이 재림하여 산사람은 물론 먼저 죽은 사람들까지 하늘나라로 인도한다는 내용으로 유사성을 가지고 있습니다. 구세신앙은 말법시대, 또는 말세에 구세주가 강림한다는 계시적인 의미가 있어서, 세상이 혼탁하고 정치적인 불안이나 자연재해가 있는 난세에는 사람들이 구세주가 올 것이라는 믿음을 가지기가 쉽고, 또 그러길 바라게 됩니다. 그래서 역사 이래로 자칭, 타칭의 미륵과 메시아가 수도 없이 존재했고, 또 지금도 존재하고 있다는 사실에 유념해야 합니다.

우리나라에서는 삼국의 전쟁이 끊이지 않았던 시대의 신라에서는 화랑을 미륵선화라고 하였고, 화랑을 따르는 무리를 용화향도龍華香徒라해서 '미륵부처님께 향을 올리는 자'라고 한 것을 미루어 미륵신앙이 크게 유행하였음을 알 수 있습니다. 백제에서도 무왕이 36년에 걸쳐서 건설한 당시 최대 규모의 사찰이 미륵사인 것을 보면, 이 땅에 새로운 세계가 건설되기를 얼마나 간절히 원했는지를 짐작해 볼 수가 있습니다. 전북 익산시 금마면 기양리에 있는 미륵사는 미륵부처님이 세 번의 설법으로 미래의 중생을 모두 제도한다는 용화삼회설에 따라서 전殿과 탑, 그리고 낭무(廊廡, 정전 아래에 동서로 붙여 지은 건물)를 각각 세 곳에 세웠다고 합니다.

민간에서 미륵신앙은 장승과 매향埋香 풍속으로도 발전하였습니다. 장승은 어릴 적 어느 동네 어귀에서 흔히 볼 수 있었던 조형물이고, 매향은 미륵이 출현하실 때 쓸 향을 미리 땅에 묻는 풍속으로 매향비와 매향제에 관한 기록과 유물이 전국에서 발견되고 있습니다. 특히 경기도 화성군에는 매향 풍속에서 유래한 '매향리'가, 또 충북·영동군, 전북 익산군, 충남 금산군, 경북 영천시 등에는 미륵부처님의 세상을 뜻하는 '용화'가 법정지명인 지역이 있습니다.

4장

살며
생각하며

살아가면서 궁금하고 성가신 일들을
붓다의 지혜로 살피고, 이를 헤쳐 나가는 노력이 필요합니다.
자본과 경쟁이 전부인 것만 같은 현대의 삶 속에서
우리는 잠시 바쁜 일상을 멈추고, 숨을 깊이 들이쉬면서
사색하고 성찰하는 여유가 필요합니다.

재산이 많으면
행복한가

　한 민간연구소가 직장인을 상대로 조사한 결과, 자신이 행복하지 않다고 생각하는 사람의 절반가량이 돈 때문이라고 합니다. 그래서 그들에게 어떤 조건이면 행복하겠느냐고 물으니, 30여 평의 자기소유 아파트와 중형급 승용차, 1억 원의 현금자산, 그리고 한 달 소득 5백만 원이랍니다. 이는 우리나라에서 중산층의 생활수준이라고 하니, 어찌 보면 직장인들이 더 큰 욕심이 없이 이 정도인 것이 다행이긴 합니다.

　부처님께서도 이렇게 말씀하셨습니다.

　"무엇이 고통이며, 어떤 고통이 가장 무겁고 심각한가? 소위 가난하고 군색窘塞한 것이 고통이고, 가난하고 군색한 고통이 무겁고 심각한 것이다. 죽는 고통이나 가난의 고통, 이 두 가지는 다를 것이 없으니, 차

라리 죽음의 고통을 당할지언정 가난하고 군색하게 사는 것을 용납하지 않아야 한다.”(『금색왕경金色王經』)

그렇습니다. 경제적 요건이 충족되고 난 다음에라야 행복도 말할 수 있지 먹고 사는 일이 어렵다면 행복이란 사치스런 말일 것입니다. 그래서 부처님도 행복을 여쭌 바라문 웃자야에게 '생업을 열심히 하고, 재산을 잘 보호하고, 어진 친구와 사귀며, 지출이 적도록 균형 있는 생활을 하는 것이 현세의 행복(『잡아함경』)'이라고 가르치신 것입니다.

그렇다면 돈이 많으면 정말 행복할까요?

소득수준이 올라갈수록 행복감도 증가하지만, 일정소득 이상이 되면 오히려 행복감이 감소한다는 연구결과가 있습니다. 한 달 소득이 2백만 원 이상인 사람들을 대상으로 살펴보니, 소득이 높을수록 행복감도 따라서 증가하다가 4백30만 원을 기점으로 소득이 더 늘어도 행복감은 오히려 감소했다는 것입니다. 그러니 일정수준의 경제력이 행복의 필요조건이기는 하지만 충분조건은 아닌 듯합니다.

그리고 가난하고 군색한 것이 어느 정도의 살림을 말하느냐의 기준은 또 다른 문제로 보입니다. 예를 들어 영국의 신경제재단(NEF)이 발표하는 국가별 행복지수(GNH)가 1인당 국민총생산(GDP)이 2천 달러에 불과한 네팔이 1위고, 물질적으로 풍요한 서구보다 그렇지 못한 동남아나 중남미 국가들이 상위권을 차지하고 있는 것을 보아도 그렇습니다. 우리의 기준으로는 정말 가난하고 군색한 이들 국가가 재물이 풍족한 서구보다 행복지수가 높다는 사실을 주목해야만 합니다.

그러고 보면 물질이 풍족해야, 또 돈이 많아야 행복하다는 논리는 우리의 잘못된 생각일 것입니다. 재산이 많아서, 아니면 돈이 많다고 행복한 것은 결코 아닌 것 같습니다. 한 덩이 밥에 나물반찬으로도 배부르고, 빗물이 새는 허름한 초막에서도 아이들과 뒹굴며 만족해하는 그들에게는 가난이나 군색함이 없지요. 『논어論語』 술이편術而編에서도 "나물 먹고 물을 마시며 팔을 베고 누었으니 대장부 살림살이 이만하면 족하다"고 하지 않았습니까?

우리도 50대 이상의 연령층에서는 등 따시고 배부르면 행복했던 시절이 있었지요. 50여 년 전에 사범학교 입학시험 날인데도 아침 끼니가 없어서 술도가에서 나오는 술지게미로 때우고서도 당당히 합격한 선배가 있었습니다. 시오리 길을 걸어 중학교엘 다니던 시절에 자전거를 가진 것이 온 세상을 다 가진 기쁨일 때도 있었습니다. 저녁에 방을 훔치고 머리맡에 놓아둔 걸레가 아침에는 얼어붙는 추위에도, 한 이불자락에서 서로 부둥켜안고 옹기종기 한겨울을 나는 즐거움이 있었습니다. 꽁보리밥에 한 움큼 얹은 쌀을 할아버지께 드리고, 그 밥이 남기를 기다리다 차지하는 행복감은 이루 다 말할 수가 없었습니다.

그런데 지금은 대부분이 먹을 것이 풍족하여 너무 먹어서 병이 되고, 호화로운 집에서 문명의 호사를 누리며 살고 있습니다. 경제개발 시절에 1천 불 소득을 달성하면 행복이 넘칠 줄 알았지만, 지금은 그의 수십 배로 소득이 늘었어도 전처럼 행복하지가 않습니다. 아파트에 중형차를 소유하고 틈틈이 가족과 외식을 즐겨도, 초가삼간에 달구지를 타고 이웃집 잔치가 아니면 별식을 먹어보지 못했던 예전만큼 행복하지가 않아요. 더구나 부모재산 두고 형제끼리 다투다가 부모와도 다투고, 심지어는 피붙이를 해치는 패륜을 지금처럼 자주 목격하지는 않았습니다.

우리가 행복하지 않다고 생각하는 이유는 현실에 만족하지 않고 끊임없이 더 가지려 하는 탐욕 때문일 것입니다. 그리고 탐욕이 얼마나 큰 재앙을 부르는지는 우리는 잘 알고 있습니다. 최근 발생한 진도 앞바다의 여객선 전복사고도 있는 사람이 더 가지기 위해 탐욕을 부린 결과로 애꿎은 학생과 시민 3백여 명이 희생되는 참사를 불러온 것이 아닙니까? 그리고 세상에서 벌어지는 대부분의 전쟁과 범죄가 내가 더 차지하려는 탐욕에서 비롯되고 있습니다.

우리는 행복이라는 것이 결코 저절로 얻어지는 것이 아님을 알아야 합니다. 부처님께서도 수없이 말씀하시고 강조하신 선인善因은 선과善果가, 악인惡因은 악과惡果가 열린다는 사실을 잊어서는 안 됩니다. 여기서 선과는 복福이고, 악과는 화禍, 그리고 행복이란 선과의 열매인 복을 얻어서 마음이 흐뭇한 감정을 말합니다. 그래서 우리는 탐욕을 내려놓고 복 짓기를 한시도 게을리해서는 안 됩니다.

돈도 잘 써야
행복하다

예수님은 '부자는 천국 가기가 낙타가 바늘구멍을 지나는 것보다 어렵다'고 하셨을 만큼 부자를 탐탁하게 여기지 않으셨습니다. 그러나 부처님은 출가 수행자가 아닌 재가에게는 열심히 돈을 벌어 잘 쓰라고 가르치셨지요. 다만 정당하게 벌되 지나치게 긁어모으지는 말라고 당부하셨습니다. 재산 모으기가 지나치면 모은 재산은 물론, 목숨까지 잃을 수 있다는 우려 때문이었지요.

부처님은 바라문 웃자야에게는 '농사를 하거나 장사를 하거나, 글씨를 쓰거나 그림을 그리는 등 자신이 맡은 직업에 최선을 다하여 재산을 모으라(『잡아함경』)'고 하셨고, '일을 시작했으면 끝을 맺게 하고, 지혜로운 사람은 이익과 손해됨을 잘 따져서 해야 할 것과 하지 않아야 할 것을 잘 알아서 시행하기 때문에 바다에 강물이 끊임없이 모여들 듯 재물이 나날이 늘어난다(『별역잡아함경』)'고 하셨습니다. 그리고 죽은 쥐 한 마리로 부자가 된 이야기를 비유로, 작은 불씨가 큰불을 일으키는 것처럼 영리하게 하면 큰 재물을 늘릴 수가 있다고 가르치기도 하셨습니다(『자타카』).

그리고 그렇게 모은 재산을 어떻게 써야 하는지를, 한 젊은이에게는 모은 재산을 넷으로 나누어 생활비, 사업비, 저축, 그리고 다른 사람에게 빌려주어 이자를 받으라고 하셨고(『중아함경』), 또 한 천자에게는 이자를 받는 대신 집을 세놓으라고 하셨습니다(『별역잡아함경』). 또한, 대부호 장자에게는 역시 4등분하여 하나는 생활비로 쓰고, 하나는 이자를 받아 가업을 돕고, 하나는 불쌍한 사람들을 도와 복을 닦고, 나머지 하나는 일가친척과 나그네에게 베풀라고도 하셨습니다(『대승본생지심관경大乘本生至心觀經』).

그런데 돈을 쓰는 방법을 두고 젊은이와 천자, 그리고 장자들에게 이렇게 서로 다른 말씀을 하셨습니다. 이는 대기설법對機說法이라고 하는 부처님의 교화방법으로, 같은 내용이라도 상대에 따라서 수준을 달리하는 것입니다. 마치 어린이와 어른에게 하는 말이 따른 것처럼. 그렇다면 우리는 어느 말씀을 따라야 할까요? 우리가 어린이라면 젊은이나 천자에게 하신 말씀을 따라야겠지만, 어른이라면 장자에게 하신 말씀대로 해야 하지 않겠습니까?

부처님께서 기원정사에 계실 때, 비구들에게 하신 말씀입니다.
"세상에는 두 종류의 사람이 있는데, 재물을 모으고 간직하기만 하다가 죽는 사람과, 남들에게 베풀기를 좋아하며 살다가 죽는 사람이 있다. 어떤 사람이 열심히 재물을 모았지만 자기도 쓸 줄 모르고 처자나 일가권속들에게 주는 것도 꺼리기만 했다. 그러다 애써 모은 재산을 왕에게 빼앗기거나 도적을 맞거나 화재나 홍수를 당해 잃고 만다. 또 집안의 다른 식구가 그것을 탕진하기도 한다."(『증일아함경』)

사실, 재산을 힘들게 모은 사람에게는 쓰는 일도 쉽지 않습니다. 대개는 재산을 모아보지 않은 사람이 쉽게 낭비합니다. 부모가 먹을 것 안 먹고, 입지도 못하고 열심히 벌어 모은 재산을 그의 자식이 술노름·여색 등에 빠져서 순식간에 탕진하고 마는 경우가 많습니다. 보통 자수성가한 부자들이 그렇게 재산을 모으고, 그의 자식들이 그렇게 탕진하지요. 그리고 정당하게 모은 재산이 아닐수록 금세 없어지거나 잘못 쓰이게 됩니다. 일례로 복권이나 게임 등으로 일확천금이 생긴 사람들의 말로가 대부분 불행하다는 사실도 이와 상통하는 현상입니다.

그리고 돈이라고 다 같은 돈이 아닙니다. 비록 모양과 크기가 같다고 할지라도 정당하게 모은 청정한 재산과 그렇지 않은 재산이 다릅니다. 또, 정당하게 모은 돈이라도 쓰는 방법에 따라서 그 가치가 다릅니다. 예를 들어 길에서 굶주리는 두 사람에게 똑같이 보시했는데 한 사람은 그 돈을 밑천으로 장사를 시작했고, 다른 한 사람은 범죄를 도모했다면 전자에 대한 보시는 선과善果로, 후자에 대한 보시는 악과惡果로 돌아올 것입니다. 같은 보시라도 돌아오는 결과는 이렇게 다를 수가 있습니다. 그래서 부처님께서도 보시를 할 때는 '공경할만한 복전福田에 보시하고 어리석은 복전에는 하지 말라', '때에 맞고 필요한 곳에 보시하라',

'주는 사람과 받는 사람, 그리고 주고받는 물건이 청정해야 한다'고 말씀하신 것입니다. (『분별보시경分別布施經』)

　부처님께서는 재산에는 하재下財와 상재上財가 있다고 하셨습니다. 여기서 하재는 재산을 긁어모으면서 자기도 쓰지 않고 부모와 처자를 제대로 부양하지 않고, 노비와 권속에 인색하면서, 마치 벌이 꿀을 아끼듯 모은 재산이고, 상재는 자기도 쓰고 부모나 처자도 풍족하게 부양하고, 못난 사람과 가난한 사람들에게도 베풀고, 노비와 권속에게도 군색하지 않게 하는 재산이라고 하셨습니다.(『불설연도속업경佛說演道俗業經』)

　우리의 재산은 상재가 되어야 합니다. 모은 재산이 상재여야 하지만 쓰는 재산도 상재여야 합니다. 정당하게 노력하여 얻은 재산이 상재고, 근검절약하며 남을 위해 쓰는 재산이 상재입니다. 그리고 상재는 많고 적음을 떠나 있습니다. 상재는 복을 짓는 종자이고, 돈도 잘 써야 행복합니다.

더없는 행복은
열반이다

　요즈음 애견용품점에 가보면 이게 정말 짐승들 쓰는 것이 맞나 싶을
정도로 별의별 종류와 엄청난 가격에 놀라지 않을 수 없습니다. 사람조
차 가지기 어려운 먹을거리와 옷가지, 화려한 침대, 심지어는 전용 러닝
머신에 개모차까지. 이제는 개들만 보는 전문 텔레비전 채널이 등장하
고, 그것도 모자라 주인의 품 안을 놀이터로 삼는 애완동물들이 있습
니다. 여러분은 이를 어떻게 생각하십니까?

　그런데 이런 주인을 만난 개들은 과연 행복할까요? 곰곰이 생각해보
면, 아마도 개의 입장에서는 이런 호사스런 음식이나 침대, 러닝머신은
물론, 그들이 의지하는 주인의 품 안도 전혀 반갑지 않을 수 있습니
다. 왜냐하면, 개는 그저 사람의 욕심에 의해 길러지는 축생畜生이기 때

문이지요. 그들은 오직 먹이 때문에 쇠사슬에 묶이거나 철창에 갇혀야 하는 짐승일 뿐, 구가求暇할 자유가 없습니다.

혹시 여러분은 사람도 이들 애완견과 다름이 없다는 생각을 해 본 적은 없으신가요? 지금 여러분 자신은 절대의 자유와 행복을 누리고 있다고 생각하십니까? 혹시 하느님이나 부처, 또는 다른 신神들에 의해 속박되어 살고 있지는 않으십니까? 이런 존재로부터의 속박에 대한 논의는 뒤로하고, 가족이나 직장과 같은 세상사에 얽매어 살고 있지는 않으신가요?

모든 인간은 행복을 추구합니다. 그래서 정치·경제·사회·문화·예술·학술·기술·종교 등의 모든 분야의 행위가 궁극적으로는 인간의 행복을 위해 존재합니다. 불교 역시 괴로움에서 벗어나 행복을 얻는 이고득락離苦得樂에 그 목적이 있고요. 우리가 부처님의 가르침을 공부하고, 또 그에 따라 수행하고 실천하는 이유가 바로 이 행복을 누리기 위함입니다.

부처님께서 사밧티 젯타 숲, 급고독원에 계실 때, 아름다운 모습의 신神이 한밤중에 숲을 두루 비추며 다가와서, 다음과 같이 부처님께 여쭈었습니다.

"많은 신과 사람들은 행복을 바라고 있습니다. 으뜸가는 행복(길상吉祥)을 말씀해 주십시오."

"①어리석은 사람을 가까이하지 말고 어진 이와 가까이 지내며, 존경할만한 사람을 존경하는 것, 이것이 더없는 행복이다. ②적당한 곳에 살고, 일찍이 공덕을 쌓고 스스로 바른 서원을 하는 것, 이것이 더없는 행복이다. ③지식과 기술을 익히고 그 위에 말솜씨가 뛰어난 것, 이것이 더없는 행복이다. ④부모를 섬기고 아내와 자식을 사랑하고 보호하며, 일에 질서가 있어 혼란스럽지 않은 것, 이것이 더없는 행복이다. ⑤남에게 베풀고 이치에 맞게 행동하며, 적을 사랑하고 보호하며, 비난을 받지 않게 처신하는 것, 이것이 더없는 행복이다. ⑥악을 멀리하고 술을 절제하며, 덕행을 소홀히 하지 않는 것, 이것이 더없는 행복이다. ⑦존경, 겸손, 만족, 그리고 감사를 알고, 때로는 가르침을 듣는 것, 이것이 더없는 행복이다. ⑧참고 따뜻하게 말하며, 수행자들을 만나 때때로 진리에 대한 가르침을 받는 것, 이것이 더없는 행복이다. ⑨수행하여 행동이 깨끗하고, 거룩한 진리를 깨달아 열반의 경지를 실현하는 것, 이것이 더없는 행복이다. ⑩세상일에 부딪혀도 마음이 흔들리지 않고, 걱정과 티가 없이 편안한 것, 이것이 더없는 행복이다. 이렇게 하면 어떤 일이 닥쳐도 실패하지 않고 어느 곳에서나 행복할 수 있다. 이것이 더없는 축복이다."

초기의 경전인 『숫타니파타』에 등장하는 『길상경吉祥經』입니다. 『행복경』, 또는 『최상의 행복경』으로도 번역되기도 한 이 경은 부처님께서 우리에게 어떻게 살아야 행복한지를 가장 이해하기 쉽고 분명하게 말씀하셨습니다. 그래서 이 경을 처음 접하고는 너무나 감동적인 마음에 군법회에서 장병들과 함께 반야심경 대신하여 독경하곤 하였습니다.

이해하기 쉬운 말씀이라 특별하게 설명할 필요가 없습니다. 다만 ③에서 지식과 기술을 익히고 말솜씨가 뛰어남은 생업에 필요한 사항이고, 그 밖에는 현생과 내생을 위해 복과 덕을 갖추는 윤리적인 말씀입니다. 그런데 ⑨에서는 수행하고 진리를 깨달아 열반을 얻는 것이 최상의 행복이라 하시고, ⑩에서는 열반을 얻으면 세상일에 부딪혀도 마음이 흔들리지 않고, 걱정과 티가 없이 편하니 그것이 최상의 행복이라고 말씀하셨습니다.

따라서 우리는 부처님이 말씀하는 최상의 행복은 궁극적으로 열반에 있음을 알아야 합니다. 열반을 이루면 마음이 고요하고, 걱정과 티가 없이 편안하니 최상의 행복이 되는 것이지요. 바로 불교가 추구하는 안심입명安心立命의 경지가 바로 열반을 증득하여 마음이 평안한 상태입니다.

열반의 네 가지 덕德을 상常·락樂·아我·정淨이라고 합니다. 현상계에서는 일체가 무상(無常, 영원하지 않음)하고, 괴롭고(苦), 실체가 없고(無我), 깨끗하지 못하지만(不淨), 열반을 증득하면 모든 것이 영원하고(常), 편안하고(樂), 실체가 있고(我), 청정합니다(淨). 그러니 열반보다 더 큰 행복은 없습니다. 그리고 열반이 곧 해탈解脫이고, 해탈은 바로 모든 속박에서 벗어난 절대 자유를 의미합니다. 열반의 경지는 걸림이 없으니 걱정과 두려움이 없고, 고요하니 평화롭고, 티가 없으니 청정합니다.

모든 속박으로부터 해방되는 것이 참다운 자유고, 해탈이고, 열반입니다. 열반을 이룬 이에게는 부처는 물론, 하느님이나 신들도 필요하지 않습니다.

만심慢心이 지나치면
사기詐欺

  아침 조간신문과 텔레비전 뉴스를 보니 졸업사진을 찍는 철이 되어 대학 졸업반 여학생들이 화장하고 머리 모양을 다듬는다고 떼를 지어 강남의 전문미용실을 찾느라 난리입니다. 그리고 미용실에서도 그들을 유치한다고 할인상품을 내놓고 있다는데, 그 값이 자그마치 24만 원이라고 하네요. 일부 학생들은 여기에 간단한 성형까지 더해서 2백만 원이나 쓴다고 합니다.

  그런데 우리 마음을 더욱 착잡하게 하는 것은 미용실에 예약이 넘쳐서 그냥 가면 하고 싶어도 할 수가 없다고 합니다. 아르바이트로 학비를 벌어야 하는 학생들의 상대적 박탈감과 울며 겨자 먹기로 이를 쫓아야 하는 학생들과 학부모의 부담을 생각하면, 혼례를 위한 신부화장도 아니고 몇 장의 졸업사진을 찍는 일에 학생들이 이리해도 되는 것인지, 노년의 나이에 접어든 사람의 머리로는 쉽게 이해하기가 어렵습니다.

학생들이 모델 뺨치는 변장에 위장까지 하고 싶어 이처럼 난리를 피우는 속내는 무엇일까요? 아마도 남보다 내가 나아 보인다는 우월감, 꼭 우월감이 아니더라도 그 부류의 속해 있다는 소속감을 행복으로 느끼기 때문은 아닐까요? 그러니 위장이나 변장, 또는 성형을 해서라도 남보다 내가 더 우월하다는 것을 드러내야 하고, 그렇게라도 해서 그들 속에 끼어 있으려고 하는 것이겠지요.

AD 4~5세기경, 인도의 학승인 세친世親의 저술인 『구사론俱舍論』에 따르면, 인간이 가진 근본적인 번뇌에는 여섯 가지가 있다고 합니다. 이는 탐(貪,욕심), 진(瞋, 성냄), 치(癡, 어리석음), 만(慢, 젠체함), 의(疑, 의혹), 악견(惡見, 잘못된 소견)입니다. 이 가운데에 만심은 우쭐대고 젠체하는 마음을 말합니다. 학생들이 자기 분수 모르고 사진 몇 장 찍는 일에 이처럼 난리를 피우는 현상이 바로 인간의 근본번뇌인 만심의 발로입니다.

만심을 다시 네 가지로 나눕니다. ①아직 얻지 못하였음에도 얻었다고 하는 증상만增上慢, ②남보다 못하면서도 자기가 더 낫다고 생각하는 비하만卑下慢, ③나와 나의 것에 대하여 집착하는 아만我慢, 그리고 ④덕德이 없으면서도 있다고 생각하는 사만邪慢이 그것입니다.

여기서 증상만이 심한 사람은 쥐뿔도 모르면서 아는 체하고, 자신을 드러내기 위해 학력위조를 하거나, 깨닫지 못하고도 도인道人인 체합니다. 비하만은 자신을 뽐내기 위해 남을 깎아내려야 하므로, 이런 부류의 사람은 남을 흉보거나 깔보기를 잘합니다. 아만은 나에 대한 집착이 큰 사람에게 나타나는 만심으로, 이런 사람은 고집이 세고 자기 욕심이 강하며, 남에게 지기를 싫어합니다. 끝으로 사만은 자신의 인품이 모자라면서도 잘난 체하려니, 이런 사람은 치장하기를 좋아하고 거드름을 피우며, 명예욕이 매우 강한 특징이 있습니다.

그런데 참으로 답답한 노릇은 우리가 반드시 버려야 하는 번뇌의 한 가지인 이 만심을 오히려 채우는 것으로 행복하다고 여기고 있다는 사실입니다. 절대적인 내 삶의 질質을 두고 행, 불행을 평가해야 함에도, 아무리 좋은 환경에 있더라도 남보다 내가 더 우위에, 지배적인 위치에 있어야만 행복하다고 여기니 우리가 얼마나 어리석습니까? 우쭐대고 젠체하기 위해서 거짓으로 나를 포장하고, 남을 깎아내리며, 고집을 부리고, 거드름을 피우는 것은 번뇌를 넘어 악업을 짓는 일입니다.

미국의 한 대학에서 학생을 대상으로 조사한 의미 있는 실험결과가 있습니다. 용돈의 액수와 행복감의 상관관계를 보았더니, 용돈이 늘어나면 행복감도 따라서 증가해야 할 터인데 실제는 용돈의 절대액이 적더라도 다른 학생들보다 자신의 용돈이 많을 때, 더 행복감을 느낀다는 것이지요. 실험에서, 다른 학생들이 10만 원의 용돈을 쓸 때, 20만 원을 쓰는 학생은 아주 행복했는데, 모두에게 똑같이 30만 원을 주었더니 전에 20만 원을 쓰던 학생은 용돈이 10만 원이나 늘었지만, 전처럼 행복해하지 않더라는 것입니다.

이 연구결과가 시사하는 바는 물질적인 욕구충족보다는 자신이 남보다 비교우위에 있을 때 더 행복을 느낀다는 사실입니다. 그러니까 자신의 삶에 부족함이 없는데도 이웃이 더 잘 살면 자신이 불행하다고 여기는 것이지요. 절대적인 삶의 질이 충족되어서 행복한 것이 아니라, 비록 군색하더라도 남보다 내가 우월해야만 행복하다고 생각하는 그 고약한 심보를 보면 사람의 심성이 얼마나 못된 구석이 있는지 부끄럽기도 합니다.

이러다 보니 제 분수를 알지 못하고 남을 따라 하는 병폐가 발동되기 시작합니다. 부자들의 행태를 중산층이 따라 하고, 이어 서민들도 따라 하고. 정치인이나 사업가가 협상이나 상담을 위해 골프장에 가야 하는데 요즈음은 너도나도 나서니 막상 필요한 사람은 예약도 못 하고. 수백만 원을 하는 명품 가방에 옷, 그리고 신발까지 너도나도 갖고 싶어서 안달하니, 연예인들이 입는 옷이나 소품은 아무리 비싸도 구하기가 어렵고. 심지어는 그들 모습으로 얼굴까지 고쳐달라고 성형외과가 문전성시를 이루고.

이 모두가 우쭐대고 젠체하려는 어리석은 만심에서 비롯되는 일입니다. 만심이 지나치면 남을 속이는 사기가 됩니다.

궁금하면
삼존三尊에게 물어라

소위 사주팔자를 다루는 운명학에서, 한해가 바뀌는 연주(年柱, 기준일)가 우리가 생각하는 음력 정월 초하루가 아니고 동지冬至라고 합니다. 그런데 동지도 최근에서야 연주로 알려졌고, 원래는 입춘立春을 기준으로 했다고 하네요. 그런데 동지와 입춘은 무려 45일이나 차이가 납니다. 한해의 기준일이 그렇게나 많은 차이가 나니 정말 큰일이 아니겠습니까? 왜냐하면, 개인은 물론 세상의 운명을 잘못 따졌을 테니까요. 그런데 달라지는 것이 뭐가 있나요?

해마다 정월이면 한해의 운세를 보는 사람들로 점집이 부산합니다. 삼재三災가 들었다고 부적을 사고, 절에 가거나 무당을 불러 소멸하는 삼재풀이기도를 합니다. 그것도 날삼재와 들삼재에다 요즈음에는 눌삼

재까지 만들어서 불안한 사람들을 더 늘려놓고. 자식 혼사婚事에는 절에 다니는 사람이나 교회를 다니는 사람이나 택일하고 궁합을 보는 일이 통과의례가 되었습니다. 그리고 이사철·입시철·선거철이면 용하다는 점집의 문턱이 닳지요.

세상이 이렇다 보니 현재 추산하고 있는 역술인이 50만 명에 이르고, 시장규모도 연간 4조원 이상일 것으로 추정된다고 합니다. 대명천지의 문명사회에서 참으로 부끄러운 일이 아닐 수 없습니다. 물론 우리나라만 그런 것은 아니지요. 홍콩과 같은 곳에서는 중국인 특유의 운명론적인 성향에다 부유함이 어울려 이러한 현상이 극에 달해 있고, 우리보다 훨씬 냉철한 사고를 지닌 서구인들도 간혹 각종 점성술에 빠지는 사람들이 있는 것을 보면, 미래의 행, 불행에 대한 궁금증을 단순히 호기심 수준으로 평가절하하기는 어려울 것 같습니다.

부처님 말씀에 '전생이 궁금하면 이생의 자신을 보고, 내생이 궁금하면 지금 자신이 어떻게 살고 있는 지를 살펴보라'고 하셨습니다. 물론 이생의 지금이 중요하다는 뜻으로 하신 말씀이지만, 이생은 전생의 결과라는 말씀이기도 하니 운명이란 당연히 있지 않겠습니까? 더구나 일이 잘 풀리지 않는다거나, 요행을 바라는 사람들에게 과거와 미래는 대단히 궁금한 일이기도 하고요.

그러나 곰곰이 생각해보면 과거를 알고, 미래를 알고, 요행을 바라는 것이 참으로 어리석은 일임을 금방 알 수가 있지요. 예를 들어 지금 내가 담배를 피우고 있다면 과거에 핀 습관 때문에 피는 것이고, 그래서 내일도 필 것입니다. 그러나 지금 금연하기로 확실히 마음의 결정을 했다면 오늘도 피우지 않고 내일도 피우지 않을 것입니다. 그런데 여기서 과거의 습관 때문에 금연할 수 없다는 것이 바로 운명론적인 생각이지요. 그러나 분명한 것은 내가 건강을 위해 끊기로 하고 피우지 않으면 운명론은 더 이상 작용하지 않습니다.

모든 일이 다 그렇습니다. 남녀가 만나 혼인하는 것도 그렇고, 부부가 이혼하는 것도 그렇습니다. 자기가 결정해서 혼인하고 이혼하는 것이지 팔자 때문이 아닙니다. 물론 자기 마음대로 결정해서 살았다고 하지만 그것이 나중에는 팔자였다는 생각을 할 수는 있습니다. 그러나 그것은 아주 자연스럽고 당연한 생각입니다. 왜냐하면, 내가 그렇게 결정한 것이라도 그것은 인과因果에 의해 나타나는 현상이기 때문입니다. 나의 결정도 인과지만 인과가 결코 숙명을 뜻하는 것이 아닙니다.

부처님께서 아난다에게 말씀하셨습니다.

"어리석은 사람이 눈이 어두워 전생에 행한 공덕이 없다는 것을 스스로 생각하지 못하고 도리어 하늘과 땅을 원망하고 부처인 나를 책망함이 이와 같으니 심히 어리석기 짝이 없다. 나의 제자라면 점치기·부적 붙이기·주문 외우기·괴상한 제사지내기·무꾸리(무당에게 길흉을 점치기)·불길한 날 가리기 등을 해서는 안 된다. 나에게 오계를 받은 사람은 이미 복덕이 있는 사람이니, 두렵거나 피할 것이 없으며, 일이 있으면 마땅히 삼존三尊에게 물어서 해야 할 것이다."(『아난문사불길흉경阿難問事佛吉凶經』)

그런데 우리는 늘 궁금합니다. 왜 궁금할까요? 그것은 요행을 바라는 욕망 때문입니다. 좋은 배우자를 만나고, 입시에 합격하고, 선거에 이기려는 욕망이, 그것도 자신의 노력으로 성취하려는 것이 아니라 팔자에 의해 요행을 바라는 어리석음으로 점집을 기웃거리지요. 사실 무엇이 성취되고 말고는 팔자가 아닌 발심發心과 노력으로 이루어지는 것이고, 그런 발심과 노력이 청정하다면 분명히 성취되는 복을 누릴 것입니다. 그것이 상식이고 순리입니다.

불교의 목표가 욕망, 바로 갈애를 끊는 것이 아니던가요? 그런데 불자가 그 욕망을 앞세워 점집을 찾고 부적을 사려고 한다면 이는 불자가 아닙니다. 불자가 이런 일들을 궁금해할 필요도 없겠지만, 꼭 그럴 필요가 있다면 삼존에게 여쭈라고 부처님이 말씀하셨으니 그렇게 하면 됩니다. 부처와 연각緣覺, 그리고 성문聲聞이 삼존이니 이들은 깨달은 분들이 아닙니까? 깨달은 분과 상담하세요. 깨달은 선지식善知識들이 주위에 많이 있습니다. 자신이 선지식을 찾지 못하니 선지식을 흉내 내는 사이비似而非에게 점을 보고, 사주보고, 택일하고, 부적 사는 어리석음을 범하는 것입니다.

그런데 인천人天의 스승이 되기를 발원한 스님들까지도 중생제도랍시고 부처님도 금하신 점술이나 부적을 가까이하는 세태를 보면 참으로 한심합니다.

모든 생명은
살기를 갈망한다

불교에서 육식肉食을 계율로 금지한 것은 대승불교가 성립된 이후라고 합니다. 초기불교에는 수행자가 재가에서 조리한 음식을 탁발했기 때문에 공양을 올리는 대로 먹을 수밖에 없어서 육식을 금지할 수가 없었던 것이지요. 그래서 부처님조차도 육식을 마다치 않으신 것으로 경전은 기록하고 있고, 이러한 전통은 아직도 탁발로 살아가는 남방불교에 남아 있습니다.

그러나 부처님께서는 비록 탁발하는 음식이라 해도 자기를 위해 죽이는 것을 직접 보았다거나, 타인에게서 그런 사실을 듣지 않았고, 자신을 위해 도살했다고 의심할 만한 이유가 없는 고기만을 먹도록 허용하셨다고 합니다. 이 세 가지 조건을 충족하는 고기를 삼종정육三種淨肉이라고 합니다.

　그런데 만일 요즈음처럼 탁발이 아니고 음식재료를 직접 구입해서 조리한다면 과연 부처님이 육식을 허용했을까요? 또, 돈을 주고 음식을 사 먹는다면 육식메뉴를 선택하셨을까요? 중생에 대한 이타행과 보살행을 강조하는 부처님이 구제대상인 중생의 살점으로 조리된 음식을 먹거나 먹게 할 리가 없습니다. 그래서 대승불교에서 불식육不食肉을 계율로 정한 것으로 보입니다. 부처님이 '이 세상에 먹을 것이 많은데 어째서 남의 목숨을 죽여 그것을 먹고 살아가려 하느냐'고 사냥꾼에게 타이르신 것을 보아도 그렇습니다.

　그런데 육식 논의는 뒤로하고, 과거에는 살기 위해 고기를 먹었지만, 이제는 고기를 멀리해야 건강한 시대입니다. 지나친 채식주의가 건강을 해친다는 견해도 있지만, 많은 전문가들은 일부러 육식하지 않아도 필요한 영양소를 얼마든지 섭취할 수 있는 시대라서 아무런 문제가 없다는데 의견을 같이하고 있지요. 그리고 육식을 줄이는 만큼 인간의 수명을 연장된다는 주장까지 있습니다. 지난 20년 사이에 우리 국민의 연간 육류소비량이 두 배로 늘어나 서구 수준에 육박한다고 합니다. 전통적으로 채식을 해서 장腸의 길이가 서양인에 비해 무려 1m이상이나 긴 한국인이 갑자기 고기섭취가 늘어나니 몸의 질병도 많아지고 성질이 거칠어진다고 합니다. 또 불과 몇 십 년 전까지만 해도 광우병·구제역·조류독감 등, 별로 알려지지 않았던 전염병들이 빈번하게 창궐하는 이유가 바로 엄청난 육류소비 증가와 무관하지 않다고 하네요.

그뿐이 아닙니다. 해마다 도축되는 소가 국내에서만 70만 마리에 이르고, 돼지는 1천4백만 마리, 닭은 7억 마리라고 합니다. 수입축산물까지 합치면 소만해도 1백만 마리가 훨씬 넘어 보입니다. 전 세계적으로 한 해 도축되는 가축이 5백억 마리가 될 것이라고 하네요. 여기에다가 동물실험이나 스포츠 등을 위해 희생하는 경우까지 고려하면 인간을 위해 희생되는 동물의 수는 상상을 초월합니다.

그리고 질이 좋은 고기를 생산한다고 사용한 동물성 사료와 각종 호르몬제제가 구제역과 광우병과 같은 새로운 질병을 유발시키고 있다고 합니다. 또한, 예전에는 보지 못하던 조류독감이나 사스 등과 같은 가축 질병이 출현하여 인간의 생명까지도 위협할 뿐만 아니라, 시도 때도 없이 창궐해도 뾰족한 방제방법이 없어 감염원을 제거한다고 수백만 마리의 가축을 생매장하는 상황이 주기적으로 반복되고 있습니다.

게다가 유엔 식량농업기구(FAO) 보고에 따르면, 인간의 식탁에 오르기 위하여 사육되는 가축이 배설하는 이산화탄소와 메탄가스가 지구 온난화를 유발하는 가스의 18%를 차지한다고 합니다. 자동차와 비행기 등의 운송수단에서 배출되는 양이 13%인 것을 감안하면 가히 우려할 만한 수준이지요. 그래서 영국에서는 일주일에 한 번이라도 고기를 먹지 않는 것으로 지구를 살려보자는 운동이 최근 일어나기도 했습니다.

축산이 식량 생산 면에서는 매우 비효율적인 산업임은 이미 잘 알려져 있습니다. 소가 먹어치우는 곡물로 10억 명의 사람이 굶주림을 면할 수 있지만, 그 소가 생산한 고기로는 어림없기 때문이지요. 그런데 우리는 한 사람이 1년에 10마리의 동물을 먹거리로 희생시키고 있다고 합니다. 생물학적으로 인간과 동물의 차이가 아주 미미함에도 불구하고, 인간이 지배적인 존재임을 내세워 자신의 먹거리를 위해 그들의 희생을 요구하고, 때로는 낚시나 수렵처럼 한낱 취미로 그들의 목숨을 빼앗고 있습니다.

모든 생명은 살기를 갈망합니다. 그리고 그 생명은 하늘에나 땅에서도 홀로 존귀합니다. 그래서 부처님도 '산목숨을 죽이지 말라'는 불살생계不殺生戒를 오계의 처음으로 설하신 것이 아닙니까? 우리가 살기 위해 어쩔 수 없이 그들의 희생이 필요로 한다면 정말 미안한 마음으로 그들에게 감사해야 합니다. 인간이라고 다른 생명을 힘들게 하고 목숨을 앗을 어떤 권리도 없습니다. '중생이 아프면 보살도 아프다'는 동체대비同體大悲를 말하고, 연기緣起를 배우는 불자라면 낚시나 사냥을 취미로 해서는 절대로 안 되는 일입니다.

요즈음은 불교계의 행사에도 고기음식을 쉽게 볼 수 있습니다. 불자가 육식을 하니 못하니 하는 논쟁은 이미 고루한 의제가 되어 버렸습니다. 그러나 육식을 줄이는 것만으로도 지구를 살리고, 굶주린 사람을 구호하고, 자신의 건강까지 챙길 수 있고, 산목숨을 해치는 살생의 악업을 짓지 않으니, 이 얼마나 거룩한 일입니까?

도박,
파멸에 이르는 길

아침 신문에 참으로 황당한 기사가 사회면 상단을 차지하고 있습니다. 도박으로 2백31억을 날린 사람이 돈을 잃게 만든 카지노도 책임이 있으니 배상하라는 소송에서 대법원은 '자기 책임으로 도박을 했다면 결과도 자기가 져야 한다'는 취지로 1, 2심의 판결을 뒤집고 사건을 고등법원으로 돌려보냈다는 내용입니다.

원고는 4년 동안 한 카지노를 출입하면서 두 번째 방문에 2천여만 원을 딴 것이 빌미가 되어, 1회에 1천만 원도 모자라 대리 베팅으로 한번에 6천만 원을 거는 도박에 빠졌다고 합니다. 도박에 중독되다 보니, 말리는 자식의 말도 듣지 않고 거금을 날리고서야 정신을 차리고서는 '카지노가 도박중독에 빠진 고객을 보호하지 않고 한도를 초과한 베팅을

묵인하여 사행성을 부추겼다'는 이유로 손해배상소송을 제기한 것이지요. 1심에서는 손실액의 20%를, 2심에서는 15% 배상 판결로 승소했는데, 최종심에서 카지노의 책임이 없다는 결정이 난 것입니다.

이와 비슷한 소송이 담배 소송일 듯합니다. 자기가 사서 피워놓고는 건강을 해쳤으니 담배회사가 배상하라는 취지의 소송. 외국의 경우에는 흡연자가 승소한 경우가 있어 앞으로 우리나라에서는 사법부가 어떻게 판단할지 모르겠지만, 지금까지는 흡연자가 승소한 일이 없습니다. 법의 판단 여부를 떠나 여러분은 어떻게 생각하십니까? 굳이 소송을 하려면 도박장을 개설하고 담배를 팔 수 있도록 한 국가를 상대로 해야 하는 것이 아닐까요?

도박은 인류문명과 함께 시작됐다고 합니다. 그래서 노름을 뜻하는 도(賭)자가 고대의 화폐인 조개(貝)와 관련이 있고, 오늘날과 같은 주사위가 이미 5천 년 전부터 이집트에 있었다고 하네요. 그리고 늘, 금기의 대상이었던 도박이 최초로 합법화된 것이 1826년 베니스의 카지노가 처음이라고 합니다.

우리나라에서도 삼국시대에는 쌍륙雙六이, 고려시대에는 골패, 조선시대에는 투전이 유행했답니다. 쌍륙은 지금의 주사위놀이와 비슷하고, 중국에서 들어온 골패는 놀이방법이 복잡해서 크게 대중화되지 못하고 마작으로 발전하였으며, 투전은 가장 인기가 있던 노름방식으로 화투의 집고땡과 비슷합니다. 조선조 영조 때에는 어찌나 투전이 성행을 했는지 일반 서민은 물론 양반까지 즐겼으며, 심지어는 군졸이나 관리들이 투전에 미쳐 공금을 횡령하는 일까지 일어나 조정에서 대대적으로 단속했다는 기록이 전합니다.

일제의 침략과 함께 유입된 화투가 투전이나 골패보다 놀이방법이 쉽고 다양하여 기존의 노름방식을 대체하게 되었습니다. 이후 서양의 포커게임이 젊은 층을 중심으로 보급되었지만, 화투의 아성을 넘지는 못하고 있습니다.

최근에는 전통적인 노름인 화투나 마작에 빠지는 사람들이 크게 준 대신에 카지노·경마·경륜·경정·소싸움·게임·복권 등의 다른 사행성 노름이 성행하고 있습니다. 특히 인터넷을 이용한 각종 불법오락은 누구에게나 쉽게 접근할 수 있는 특징 때문에 청소년을 비롯하여 가정주부들까지 광범위하게 유포되고 있어서, 그 피해가 심각한 사회문제로 대두되고 있습니다.

대부분 취미로 시작하는 오락이 바둑이나 스포츠처럼 경기 자체에 매료될 수 있는 특징이 없으면 사행성으로 전락하기가 쉽습니다. 노름으로 전환되는 대부분의 놀이가 실력이 아닌 요행으로 승부가 나는 경우가 많고, 단시간에 경기가 끝나는 특성이 있습니다. 그래서 노름은 중독으로 발전하기 쉬운 특성이 있지요.

도박중독은 충동조절장애라는 뇌 질환으로 분류되는 질병입니다. 재산을 탕진하더라도 한번 크게 딸 수 있다는 기대심리로 도박에서 손을 떼지 못합니다. 그러다 어쩌다 한번 성공하면 아무나 할 수 없는 것을 자신이 했다는 성취감과 우월감이 생겨, 그 심리적인 짜릿함에 돈을 따고서도 도박을 계속하지요. 중독이 심해지면 자신을 조절하지 못하여 도박을 하지 못하게 손을 자르면 발로 하고, 발을 자르면 입으로 한다고 합니다. 그리고 도박할 돈이 떨어지면 사돈의 팔촌까지 못살게 굴고, 심하면 가족을 파는 일까지 생길 정도로 사리분별을 못 하는 무서운 질병이 됩니다.

최근 유명연예인들이 도박에 빠져 무더기로 구속되고 본인은 나락으로 떨어지는 모습이 심심치 않게 보도되고 있습니다. 게다가 청정한 승가에서까지 승려가 도박에 미쳐 사찰재산을 몰래 판 일이 있는가 하면, 재미로 하는 것인지는 몰라도 스님들이 모이면 화투를 친다고 하는 이야기가 심심치 않게 회자되고 있습니다.

부처님께서 싱갈라에게 말씀하셨습니다.

"도박에 빠지는 사람에게 여섯 가지 위험이 있느니라. 비록 도박에 이기더라도 상대에게 미움을 사게 되고, 도박에 지게 되면 재산을 잃고 슬픔에 빠지게 되며, 재산이 나날이 줄어들게 되고, 법정에서 증인으로 나서게 되더라도 그 말에 무게가 없게 되며, 친구나 관청으로부터 업신여김을 당하고, 혼담에 지장이 있게 되느니라." (『싱갈라경』)

부처님께서는 도박을 '파멸에 이르는 길'이라고 하셨습니다. 그런데 스님과 불자가 도박을 즐긴대서야 말이나 됩니까?

지혜를 점점 줄게 하는 술

그리스신화에는 술을 신神들만 마실 수 있었는데 '문화의 신'이자 '술의 신'이기도 한 디오니소스가 인간에게도 허용하였다고 합니다. 그러고 보면 문화의 신과 술의 신이 동일하다 거나 신들만 마셨다는 것을 보면, 술이 신성한 존재였음이 분명합니다.

기독교에서 포도주는 그 빛깔 때문에 예수님이 십자가에서 흘린 피로 상징됩니다. 그래서 그것을 마심으로써 그리스도와 일치시키는 의식인 성체성사聖體聖事를 합니다. 그리고 성체성사에서는 예수님께서 최후의 만찬에서 열두 제자에게 하신 말씀을 사제가 외웁니다.

"이 잔은 내 피로 맺는 새 계약이다. 너희는 이 잔을 마실 때마다 나를 기억하여 이를 행하여라."

개신교가 술을 금지하는 것에 비하면 천주교는 매우 관대한 편입니다. 실제로 대부분의 천주교 사제들은 포도주는 물론 다른 술도 마시고, 심지어 담배를 피워도 흠이 되지 않습니다. 그러나 불교에는 출가는 물론 재가에게도 '술을 마시지 말라'는 불음주계가 있습니다. 불음주계는 오계에 속하는 아주 엄중한 계목이지요. 그런데 술이 음료로 취급될 정도로 피할 수 없는 세상이 되다 보니 요즈음에는 불음주계를 지나치게 마시지 말라는 의미로 해석하기도 합니다.

조선조 명종 때, 문장가로도 이름을 날린 진묵(震黙, 1562-1633)대사는 술을 무척 좋아하였다고 합니다. 그렇지만 스님은 마셔서 취하면 술이고 그렇지 않으면 차茶라고 하여, 술을 곡차穀茶라고 했답니다. 누가 술이라고 하면 절대로 마시는 법이 없었다고 합니다. 지금도 스님이나 불자들이 어쩔 수 없이 술을 마셔야 하면 곡차라는 이름으로 술을 마시는 빌미를 대는 것도 여기에서 유래합니다.

시인 신천희는 "날씨야,/ 네가 아무리 추워 봐라./ 내가 옷 사 입나,/ 술 사 먹지."라고 술 좋아하는 사람의 마음을 절절히 표현했습니다. 또, '술은 하늘이 내린 복'이라느니 '술은 모든 약 가운데 으뜸'이라느니 하는 찬사는 역사와 함께 함께 기록한 말입니다. 그리고 예부터 술은 풍류를 즐기고 자연을 벗 삼은 수많은 호걸의 벗이었고, 특히 술이 정신신경계를 자극하는 특성 때문에 문화예술가들이 상상의 나래를 펴는 촉진제가 되기도 합니다. 그래서 술이 인간관계, 나아가 인류문화 발전에 기여한 순기능이 분명히 있습니다. 그리고 술이 가진 약리작용으로 어떻게 쓰느냐에 따라 스트레스 해소나 건강증진에 도움이 되기도 하지요.

그러나 이러한 이점들이 꼭 술을 통해서만 얻어지는 것은 아닙니다. 명상冥想이나 선정禪定에서 얻는 예술적 창작력은 술에서 얻는 것보다는 훨씬 더 강렬하고 아름답습니다. 더구나 술에서 얻을 수 있는 약리작용을 대체할 더 좋은 식품이나 약품은 얼마든지 있습니다. 그리고 무엇보다도 중요한 사실은 지나친 음주는 엄청난 해악을 부른다는 것입니다. 술을 즐기다 보면 사람이 마시는 술을 술이 마시는 상황으로 발전하고, 결국에는 통제 불능상태가 되어 불행을 불러오는 경우를 우리는 수없이 목격하고 있습니다.

음주를 원인으로 하는 질병과 사건 사고는 물론이고, 특히 알코올중독자를 둔 가족이 겪는 가정폭력 등의 피해를 생각하면 술을 왜 마셔야 하는지가 솔직히 이해되지 않습니다. 게다가 부모의 음주행태는 자식에게 상속된다고 합니다. 부모의 음주로 피해를 당해온 자식은 어릴 적엔 부모처럼 절대 술을 마시지 않겠다고 다짐하지만, 성장 과정의 불안감·신뢰감 결여·소극적인 대인 관계 때문에 보통 가정의 아이들보다 문제 해결 능력·인지 기능·또래 관계·학습 능력 등이 떨어진다는 것이지요. 이런 결과가 그들이 성인이 되면 부모의 음주행태를 따라하는 원인이 된다는 것입니다.

부처님께서 술을 즐기는 싱갈라에게 다음과 같이 말씀하셨습니다.

"술을 많이 마시면 여섯 가지 손해가 생기느니라. 재물이 줄어들고, 병에 걸리기 쉽고, 남과 자주 다투게 되고, 좋지 않은 버릇이 드러나 평판이 나빠지고, 성질이 나빠지며, 지혜가 점점 줄어들게 된다. 싱갈라야. 술 마시는 버릇을 고치지 않으면 사업이 날로 줄어들 것이니라."

(『장아함경』선생경)

그런데 우리나라에서 음주로 인한 직접적인 피해가 연간 7조 이상이 된다고 합니다. 그리고 과도한 음주에 따른 조기사망과 생산성 감소 등 사회경제적 비용이 연간 20조 원을 넘는 위험수위라고 합니다. 그런데 보건복지부가 각국 주요 보건의료 통계자료(OECD Health at a Glance 2013)를 분석한 결과를 보면, 한국인이 한해 한사람이 평균 약 9리터의 알코올을 마신다고 합니다. 이를 보통 소주로 환산하면 1백 24병, 캔 맥주로 환산하면 3백 56캔을 혼자서 마신다니 도저히 믿기지 않는 엄청난 양입니다. 또 다른 통계를 보면 우리가 세계 11위의 술 소비국인데, 이는 양을 기준으로 한 것이고, 알코올 농도로 환산하면 아마 선두가 될 것이라고 합니다. 참으로 부끄러운 일이 아닐 수 없습니다.

그릇된 음주습관이 건강과 재산을 잃고 사회에도 적잖은 해악을 끼치는 것은 부처님의 말씀이 아니더라도 얼마든지 우리 주위에서 보고 듣고 있습니다. 술을 마셔서 얻는 즐거움은 감각적인 쾌락에 불과합니다. 이런 즐거움은 불자가 속히 버려야 하는 번뇌에 해당합니다. 그래서 예부터 술은 '백독의 두령'이자 '악행의 씨앗'이라고 했습니다.

5장

전법하고 수행하며

깨달은 이들의 수행이 곧 전법임을 붓다의 전법선언에서 확인할 수 있습니다.
그런데도 많은 선지식들이 선방이나 토굴에 은거하는 오늘의 한국불교는
소승小乘이나 다름없습니다.

젊은 불자를 양성할 수 있는 열린 공간인 군軍에서
한국불교의 희망을 찾아야 합니다.

출가보다 막중한
재가의 책무

　재가在家인 우바새·우바이가 불교를 공부하는 데는 많은 제약이 따르
는 것이 틀림없습니다. 그래서 부처님도 재가에게는 수행하라는 말씀보
다 '생업生業을 열심히 하고 재산을 불리고 잘 써서 복을 지어라'는 말씀
을 더 많이 하셨던 것 같습니다. 그러나 부처님은 분명히 '재가도 해탈
을 얻어야 한다'고 하셨습니다. 부처님의 가르침이 궁극적으로 괴로움
으로부터의 벗어나는 해탈에 있으니, 이를 성취하는 것에 출·재가의 구
분이 있을 수가 없겠지요.

　부처님의 사촌인 마하나마가 '어떤 것이 우바새의 지혜인가'를 여쭙자
부처님은 이렇게 대답하셨습니다.

"인생을 전체적으로 꿰뚫어보아 괴로움이 무엇인가를 있는 그대로 알고, 무엇이 괴로움을 초래하는가를 알아야 하며, 괴로움에서 벗어나는 해탈을 알아야 하고, 해탈을 얻을 수 있는 구체적인 방법을 알아서 실천하는 것이 우바새가 지혜를 갖추는 것이다."(『잡아함경』)

이는 사성제(四聖諦, 苦集滅道)를 바르게 알고 실천하는 것이 지혜를 갖추는 것이라는 말씀입니다. 사성제는 불교의 시작이자 끝입니다. 사성제를 이해하고 실천함으로써 해탈과 열반에 이르는 것이지요. 사성제 가운데 고제苦諦·집제集諦·멸제滅諦 3가지는 그 의미를 이해하고 믿는 것으로 족하고, 다만 마지막 해탈에 이르는 길인 도제道諦, 즉 팔정도八正道를 열심히 실천하면 됩니다. 바로 ①바른 견해(正見) ②바른 의도(正思) ③바른 말(正語) ④바른 행위(正業) ⑤바른 생계(正命) ⑥바른 노력(正精進) ⑦바른 마음챙김(正念) ⑧바른 마음집중(正定)입니다.

부처님께서 또 말씀하셨습니다.

"자기는 가르침을 믿고 잘 실천하면서 다른 사람들에게는 자신이 하는 것처럼 가르치지 않는다면, 이는 오직 자기만을 이롭게 하는 것이다. 우바새는 자신을 이롭게 할 뿐만 아니라 남들도 이롭게 할 수 있어야 할 것이니, 자신이 믿고 행하는 것을 남들에게도 가르쳐야만 한다. 자신도 이롭게 하고 남들도 이롭게 하는 사람은 태양 같은 사람임을 알아야 한다."

자기 수행을 잘하고, 또 남들도 가르치라는 자리이타自利利他의 실천을 강조하신 말씀입니다. 이렇게 전법傳法하는 사람을 '태양과 같은 사람'이라고 하셨는데, 태양은 누구에게나 빛을 주시고 만물을 기르는 근본이며, 만물이 우러러보는 대상이니 그런 사람이 되라는 말씀이십니다. 이처럼 부처님은 재가에게도 출가 수행자와 똑같이 해탈과 열반, 그리고 자리이타의 전법을 주문하셨음을 명심해야 합니다.

그리고 구체적으로 재가의 수행방법에 대하여도 이렇게 말씀하셨습니다.

"비록 처자 권속을 거느리고 세속에 살아가면서 재물을 얻기 위해 갖가지 사업에 힘쓰더라도, 법을 얻을 수 있는 길은 항상 열려 있다. 삿되지 않고 바르게 집중하여 비추어보는 힘을 갖추기만 한다면 번잡한 세속에서도 삼매三昧를 얻을 수 있나니, 세속에 살면서도 집착을 놓아버릴 수 있는 지혜로운 사람이라야 하루속히 열반涅槃의 고요함을 증득할 수 있다." (『별역 잡아함경』)

이를 보면 재가나 출가나 다름이 없습니다. 오히려 재가는 출가보다 더 무거운 책임을 지고 있습니다. 출가 사문이 사성제를 잘 실천하여 해탈에 이르고, 자리이타의 전법이 전부라면, 재가는 거기에다 자식과 처자, 권속을 부양하고, 나라에 세금을 내고, 이웃에 보시하며, 출가사문을 공양해야 하는 의무가 더 있습니다. 그러니 우바새 우바이가 사부중四部衆 가운데 으뜸이어야 합니다. 그리고 재가는 이런 자부심을 가지고 열심히 생업에 종사하면서 사성제를 실천하고 전법해야 합니다.

그런데 왜 재가가 출가만 못 할까요? 그것은 한마디로 생업을 핑계로 수행을 게을리하기 때문입니다. 부처님의 제자에는, '지혜제일 사리불',

'설법제일 부루나' 하는 식으로 보통 비구인 십대제자만 알고 있지만, 실은 우바새, 우바이 십대제자도 있었습니다. 그들은 재가의 몸으로도 열심히 수행하여 더 배울 것이 없는 무학無學의 지위에 오르신 분들이 었지요.

『대지도론大智度論』에 따르면, '공작은 비록 좋은 모양으로 몸을 단장했으나 큰 기러기처럼 멀리 날지 못한다'고 하여 재가는 출가의 공덕을 갖춘 사문沙門을 공경해야 한다고 했습니다. 출가가 재가보다 훌륭한 공덕이고 복인 것은 맞습니다. 출가는 경제활동을 하지 않고 수행만 하면 되니까, 세상에 그보다 더 큰 복이 어디 있겠습니까? 그래서 재가는 공덕주인 출가 사문을 공경하는 것이지요.

부처님께서 재가를 공작에 비유하신 것은 우리가 단절해야 할 번뇌로부터 쉽게 벗어나기 어려운 환경에 있음을 일깨우기 위함입니다. 그러니 재가가 처한 수행환경을 있는 그대로 알아차리면서 집착에서 벗어나 생업에 최선을 다하고, 열심히 팔정도八正道를 닦아 나간다면 피안彼岸은 멀지 않은 곳에 있습니다. 이렇게 자신을 위해 부지런히 공부하고 남을 위해 부지런히 전법하면 재가에게도 해탈의 문은 열릴 것입니다.

불교의 활로는
군軍에서

정부의 통계를 보면 불교 신자가 다른 종교보다 많습니다. 물론 개신교와 천주교를 합친 기독교는 불교보다 더 많지만. 그래서인지 종교 활동을 의무적으로 해야 하는 신병훈련소나 교육 관련 부대에서 종교활동 하는 병사들을 보면 불교가 개신교에 뒤지지 않습니다. 이러한 사실은 논산훈련소나 각 군의 보충대, 신병교육대 등에서 쉽게 확인할 수 있습니다. 그런데 어찌 된 영문인지 종교활동 의무가 없는 자대自隊에 배치되면 종교 신자 비율이 개신교가 절반을, 그리고 그 나머지를 불교와 천주교가 나누고 있는 상황입니다.

이러한 현상을 보이는 원인이 무종교자의 상당수가 불교적 성향을 가지고 있기 때문이라거나, 불교 신자가 종교활동에 적극적이지 못했기 때문이라고 해석하기도 합니다. 다시 말해서 불교 신자들이 기독교 신자들보다 법당에 나가는데 적극적이지 않다는 것이지요. 물론 그런 이유가 전혀 근거가 없는 것은 아닙니다. 그러나 실제로는 불교가 법당도 부족하고 군승과 법사가 절대적으로 모자란데 그 원인이 있습니다.

예를 들어, 서부전선의 육군 제1포병여단에는 군승이 배치되지는 않았지만 모두 3곳의 법당이 민간인 포교사들에 의해 운영되고 있습니다. 그런데 이 부대에 개신교의 교회는 모두 23개나 되고, 이를 군목 1명과 민간성직자인 목사들이 관리하고 있습니다. 얼마 전까지도 19곳이던 것이 최근에 4곳이나 더 늘었다고 합니다. 또 육군 제1공병단도 법당은 한곳이지만 교회는 5곳이나 되고 군종목사가 1명이 있습니다.

사정이 이렇다 보니 오히려 불교 신자가 자대에서 25%라도 유지하는 것이 어쩌면 다행인지 모릅니다. 그런데도 우리 불교계나 군 불교를 담당하는 종단은 필요한 예산을 확보하여 법당을 늘리고, 스님은 고사하고 포교사라도 군 법회에 보내려는 노력을 하지 않습니다. 간간이 이루어지는 군 법당 불사의 대부분이 개인의 신심과 원력으로 계획 없이 진행되고 있는가 하면, 군 법회에 나가는 포교사들 역시 개인의 부담과 수고로 그 일을 감당하고 있습니다. 다시 말해서 군종교구나 종단 차원의 사업은 최근 들어 논산훈련소 법당 말고는 거의 없습니다.

사실 군 불교의 수입예산이 불안정한데 지출계획을 잡는 것은 무리일 것입니다. 그렇다고 수입이 없다고 계획조차 하지 않으면 원력顧力과 희망希望은 어디에서 구합니까? 비록 가다가 중지하는 일이 있어도 후인이 그 길을 따를 것으로 믿고 길을 열어 가야 할 것입니다. 일의 선후가 분명한데 '법당을 짓는 일보다는 참 불자 양성하는 일이 더 중요하다'는 식으로 군 불교에 접근하는 것은 무사안일한 면피식 대응에 불과합니다. 분명히 말하지만, 법당이 있고 법사가 있어야 참 불자도 양성되고 불교도 발전할 것입니다.

군 법당을 교회나 성당 짓듯이 하면 큰돈 드는 것이 아닙니다. 그리고 법회 못하는 군 법당에 법사 보내는 일도 그리 어려운 일이 아니에요. 오직 신심과 사명감만으로 이 일을 해보니 군 법당 4곳을 새로 짓고, 20여 곳의 부대에 법사를 보내 한 달에 30여 회의 법회를 보는 법사지원 사업을 할 수 있었습니다. 그것이 가능한 이유는 간절한 기도와 그 기도에 응하는 부처님의 가피가 있기 때문입니다.

더구나 우리 절집에 돈이 없고 사람이 없는 것도 아니지 않습니까? 전국에 온 사찰이 불사를 안 하는 곳이 거의 없을 정도고, 벽에도 모자라 바닥은 물론, 기둥과 서까래까지도 금을 입히는 절이 있는가 하면, 요사와 화장실까지 단청한 절을 보면 그렇습니다. 부처님 뒤에 탱화를 목탱으로 바꾼다고 어마어마한 돈을 들이는 절도 그렇습니다. 공찰 주지하고 나면 너나없이 자기 절을 짓거나, 오피스텔·아파트로 토굴 장만하는 것이 유행인 것을 보아도 그렇습니다. 게다가 조계종 포교원에서 양성한 포교사가 수천을 넘는데 법사 할 사람이 없다는 것이 말이 됩니까?

그런데 현실은 왜 이럴까요?

한마디로, 관심과 의지와 시스템이 없기 때문입니다.

개신교가 본격적으로 이 땅에 들어오기 시작한 지난 1백여 년의 짧은 기간에 한국 제1의 종교를 넘볼만한 눈부신 성장을 한 저변에는 군 종교 장악이라는 무서운 의도가 있었습니다. 처음 국군이 창설될 때는 군종이 없었지요. 그런데 우리나라를 지원하던 미국의 끊임없는 요구에 장로였던 이승만 정권이 이를 수용한 것입니다. 그 후 1960년대 말까지 개신교가 군 종교를 장악하면서 군에는 교회와 목사만 존재하였고, 군에서 벌어지는 모든 종교의식과 교육은 개신교가 독차지하였습니다.

그러다 보니 군에서 하느님을 알게 된 젊은이가 사회로 돌아가서 다시 교회에 봉사하면서 교세를 넓혀가고, 교회는 젊어지고 초고속 성장을 계속해온 것입니다. 한때 국가의 삼부요인이 모두 기독교인일 정도로 국가 전체를 주무르는 엄청난 기독교 세력의 밑바탕에는 군 종교 장악이라는 무서운 계략에서 나온 것임을 우리가 알아야 합니다. 이러한 평가는 개신교 교단이 자체 분석한 결과입니다.

국군의 베트남 파병을 계기로 1968년에 우리 군에도 군승이 생겼지만, 아직도 그 수가 개신교 군목의 절반에도 미치지 못하고 있다는 것은 참으로 부끄러운 일입니다. 한국불교의 활로, 군 불교에 있습니다.

관세음보살을
친견하다

법사가 없어 제대로 열지 못하던 법회가 매주 열리니까 늘어나는 병
사들을 15평 남짓한 낡은 법당으로는 모두 수용할 수 없었습니다. 더구
나 국군 영현봉안소와 실미도 희생자 유해를 안치하고 있는 부대라서
이들 영가를 천도하고 위로하는 일이 지중하여 여법한 기도도량이 절
실히 필요하기도 했지요. 너무도 안타까운 마음에 무턱대고 법당 신축
공사를 시작했습니다. 참으로 무모한 불사였습니다. 더구나 번듯한 법
당을 꾸미고 싶은 욕심에 부대규모보다 과한 크기로 설계하여 만만치
않은 비용이 필요했지요.

그러나 천만다행으로 부대장이 독실한 불자여서 매사에 협조적이었
고, 군수물자 보급을 담당하는 부대라서 불자인 군무원 기술자와 장병

들이 많아 여러 가지 지원을 해주는 바람에 공사에 큰 어려움이 없었습니다. 그러나 문제는 공사대금. 대 화주가 있었던 것도 아니고, 우선 주변에서 모은 2천만 원으로 1억이 넘게 소요될 절을 짓겠다고 포클레인을 불러 터파기를 시작했으니 얼마나 무모합니까?

아마 그때 전국의 불교단체와 사찰에 발송한 권선문이 대략 3천여 통이 되었던 것으로 기억합니다. 또 심지어 한국불교종단 협의회에 등록된 종단을 직접 찾아 불사 취지를 설명하고 도움도 청했지요. 그런데 '군종교구가 있는데 왜 당신이 나서느냐'는 의심스러운 눈총뿐, 정말로 아무런 성과가 없었습니다. 그리고 불교방송과 교계신문이 이러한 사정을 보도도 했지만, 역시 큰 도움이 되지는 못했습니다.

그러던 어느 날, 한 비구니 스님으로부터 전화가 왔습니다.

"참으로 딱한 일입니다. 어째서 젊은 불자와 영가를 위로하고 인도하는 군 법당을 그 지경으로 두었답니까? 시주로 먹고살아 넉넉한 살림은 못되지만, 백중기도 끝나면 한 5백만 원은 보낼 수 있으니 적더라도 불사를 잘해주세요."

권선문을 들고 통사정을 해도 기껏해야 몇십만 원 모연이 고작이었는데 5백만 원이라는 거금도 그렇고, 오히려 불사에 어려움이 있다는 사실을 언론보도를 통해 접하고 안타까워하시는 스님의 말씀에 목이 메어 말을 잇지 못해 간신히 전화를 끊었습니다. 그리고는 스님을 뵙지 않고는 다른 일을 못할 것 같아, 그 흔한 지도 찾기에도 나오지 않는 시골 구석의 절을 물어물어 찾아갔습니다.

그런데 놀랍게도 스님이 계신 곳이 충청도의 전형적인 시골마을의 뒷

산자락에 자리한 아주 초라한 절이었습니다. '무엇으로 먹고사실까?' 하는 생각이 들 정도로 남루하기 짝이 없었습니다. 큰절을 찾아가면 어른스님 핑계 대며 냉랭하기 짝이 없었는데, 이런 작은 절에서 그런 큰돈을 내놓으시겠다니 참말로 믿기지 않았지요.

스님을 처음 뵈오니 바람 불면 날아갈 듯 여리고 자그마한 체구를 가진, 충청도 시골의 촌티가 물씬 풍기는 비구니 스님이었습니다. 대웅전을 보니 몇 해 전에 새로 지었다는데, 아직 단청도 못 하고 있어서 신도분께 자초지종을 들어보니, 몇 년 전에 세상을 뜬 한국의 대표적인 여류문인이 대웅전 불사 비용을 모두 시주했다는데, 더 어려운 곳이 있어서 그쪽에 보태느라 그랬답니다.

그런데도 스님은 '절집에서는 적은 돈이라도 절대로 쌓아두면 안 된다' 하시며, 돈이 생기는 대로 어려운 이웃에 주고, 교도소에 주고, 자신도 봉양 받을 세납이신데도 오갈 데 없는 노 비구스님을 모시며 살고 계셨습니다. 스님은 참으로 관세음보살의 화신化身이었습니다.

그리고 마음을 더욱 숙연하게 한 것은 어느 절이나 있어야 하는 부처님 앞의 복전함과 법당 천정의 연등을 스님 절에서는 찾아볼 수가 없었던 것입니다. 그 이유를 스님께 여쭈었더니 '부처님 오신 날에 등을 달아 그 뜻을 기리면 되는 일을 왜 일 년 내내 천장에 매달고 사느냐'고 반문하십니다. 또 '부처님께 시주하려면 부처님께 드리면 되지, 왜 돈 상자 만들어놓고 부담을 주느냐'고 하십니다. 이는 스님으로 해서는 안 되는 일이라고 하십니다.

그 후, 스님께서는 본존불까지 새로 봉안해야 하는 불사 이야기를 들으시고는 그 비용도 마련하겠다고 음료수 상자로 저금통을 만들어 한동안의 시주를 모아 보내주셨습니다. 그리고는 찾아뵐 때마다 당신이 가진 돈을 모두 모아 군 불교에 쓰라고 건네셨습니다. 그래서 지금은 스님을 찾아뵙기를 그만둔 지가 오래되었습니다. 있는 돈 없는 돈 찾느라 부산 떠시는 모습을 차마 송구스러워서 더는 볼 수가 없었기 때문입니다.

군 법당 신축불사를 하면서 어느 곳이나 똑같은 권선문을 보내지만, 교구본사나 내놓으라 하는 큰 사찰에서 시주를 받아본 적이 거의 없습니다. 그래도 도움을 주시는 분들의 대부분이 행원스님처럼 어려운 살림을 하는 절이고, 그것도 비구니 스님들의 정성이 대부분이었습니다. 이를 보면 관세음보살이 여성의 모습으로 표현된 것이 참으로 지당합니다. 그런데 문제는 이러한 경험이 비단 필자만이 아니라 군 포교현장에서 대중의 도움을 갈망하고 있는 군 법사들 모두가 체험하는 보편적 사실이라는 점입니다.

군 불교 현장에서 전법하며, 필자는 늘 관세음보살을 친견합니다. 세상에 이보다 더 큰 복을 어디에서 누릴까요?

공명조共命鳥,
카루타와 우바카루타

군 불교에 나서보니 이것저것 마음 쓰이는 문제가 하나둘이 아닙니다. 우선은 군에서 포교기반이 이웃 종교와 비교하면 턱없이 열악하다는 현실이고, 그럼에도 불구하고 불교계가 이를 극복하려는 노력을 하지 않고 있다는 사실입니다. 그리고 이러한 문제는 군 불교가 범불교적으로 이루어져야 하는 대작 불사임에도 한 종단이 독점하고 있는 데서 비롯되고 있습니다. 물론 다른 종단의 몫까지 잘만 해 준다면 문제가 없을 테지만, 실제는 자기는 못하면서 얻을 것은 남의 몫까지 차지하려는 것이 문제입니다.

예를 들어, 자기 종단에는 군승에 지원하는 스님이 없어 소요인력을 채우지 못하는 상황인데도 군승자원이 많은 다른 종단의 군승 파송을 막는 어처구니없는 행태가 그것입니다. 다시 말해서 군승사관 후보생을 양성하는 동국대학교에 지원자가 없는데도 금강대학교나 위덕대학교에는 기회조차 주지 않습니다. 또, 출가한 스님들이 지원을 하지 않아 군승이 모자라는데도 다른 종단의 진입을 막고 있습니다.

10여 년 전에 군승 파송을 간절히 원하던 이웃 종단에게 공식적으로 밝힌 장자종단의 수장의 말씀이 '우리에게 배정된 군승인원을 다른 종단에 주는 것은 제 살 깎아 먹기라 바람직하지 않으니 군승을 보내려면 신흥종교로 신청하라'는 것이었습니다. 부처님은 굶주린 짐승들에게 당신의 몸까지 내주셨는데, 제살을 제가 먹는 것이 뭐가 그리 손해라고 반대를 합니까? 더구나 천지동근天地同根 만물일여萬物一如를 배우고 실천해야 하는 수행자의 입에서 나온 '제 살 깎아 먹기'라는 표현은 아무리 생각해도 이해할 수가 없습니다. 또 불교종단협의회 활동은 함께하면서 이웃 종단에게 신흥종교로 신청하라는 말은 당신들은 불교가 아니라는 뜻이라서, 이는 폭언을 넘어 악담으로 보였지요.

군 불교가 불자들 모두의 관심대상인 것처럼, 군승도 원래 불교의 몫이지 한 종단의 전유물이 아닙니다. 더구나 그것을 다른 종단이 참여할 수 없었던 시절에 내가 차지했다고 이웃 종단을 불교로조차 인정하지 않고 있는 처사는 비판받아 마땅합니다. 더구나 제 살을 지키며 잘했어도 매 맞을 일이거늘, 군 법당이 교회의 4분의 1에 불과하고, 군승은 수요도 채우지 못하는 데다 자질부족이 심화되어 군 불교뿐만 아니라 한국불교를 총체적 난국으로 몰고 가고 있는 상황에서도 제 살만 챙기겠다는 장자종단의 탐욕에 분노하지 않을 수 없습니다.

부처님의 일대기를 문학적 서사로 서술하였다는 『불본행집경佛本行集經』에는 목숨을 함께 해야 하는 공명조 이야기가 있습니다. 이 새는 몸뚱이는 하나인데 머리가 둘이라고 합니다. 가끔 머리가 둘 달린 뱀이 발견되기도 하고, 샴쌍둥이도 있으니 아마 그런 새도 있었던 모양입니다. 그런데 한쪽은 '카루타', 다른 한쪽은 '우바카루타'라고 불리는 이 새가 어느 쪽이 먹어도 배가 부를 것을, 저 혼자만 먹겠다고 욕심을 부리다가 독이 섞인 먹이를 먹고 결국 둘 다 죽었다는 내용입니다.

부처님께서 연기緣起의 이치를 공명조에 비유하여 설명하신 이 가르침은 사찰의 벽화 그림으로도 흔히 그려지고, 많은 스님들이 설법에서 자주 인용하는 말씀이기도 합니다. 그리고 전우와 생사生死를 함께하는 군대라는 조직의 일원인 장병들에게는 이 이야기가 공감하기 쉽기도 하고, 또 새겨두어야 할 금언으로 생각되어 군 법회에서 자주 설법의 소재로 활용하기도 했습니다.

우리 모두가 공명조처럼 공동운명체인 중생, 즉 공업중생共業衆生임을 알지 못하고 카루타와 우바카루타처럼 제 욕심만 채우려다가 모두를 망친다는 사실을 우리는 사회 곳곳에서도 경험하고 있습니다. 저만 배부르겠다고 기업의 노하우를 몰래 경쟁회사나 심지어는 외국의 기업으로 빼돌리는 행위가 그렇고, 진도 앞바다 여객선 침몰사건을 보아도 그렇습니다.

또한, 나와는 전혀 관련이 없을 것 같았던 하찮은 일이 돌고 돌아 증폭되면서 나에게 큰 영향을 미치는 경우를 우리는 늘 경험하며 살고 있습니다. 오래전에 일본 관서關西지방에서 지진으로 발생한 쓰나미가, 그리고 그 여파로 발생한 원전사고가 우리에게는 별다를 영향을 주지 않을 것이라고 했지만, 우리 국민들이 남동해에서 생산되는 생선의 방사능 오염이 염려되어 먹지 않으니 수산업 종사자들이 어렵고, 횟집 등의 음식점도 장사가 예전 같지 않은 상황으로 발전하였습니다. 그리고 이 때문에 생업에 지장을 받는 당사자는 물론 그의 가족들에게는 또 어떤 영향이 발생하는지를 헤아리려면 한도 끝도 없습니다.

이처럼 세상은 이것과 저것이 그물망처럼 얽히고 얽혀서 상호작용하고 있는 공동운명체입니다. 『화엄경』에서는 이를 인드라망이라고 한다지요? 그리고 아무리 하찮은 존재라도 공동체를 구성하는데 각각의 역할이 엄연히 존재하고, 또 그 상대에게 영향을 미친다는 것이 부처님이 설하신 연기의 가르침입니다.

그런데 누가 먹어도 배부른 것을, 내 욕심만 채우겠다고 혼자 먹어 함께 죽는 어리석음을 저지른 카루타와 우바카루타의 이야기를 군 법당에서 장병들과 함께 배우면서 스스로 성찰해 봅니다.

잠자는 병사
깨우기

군에서 '1인 1종교 갖기 운동'을 할 때는 법당에 장병들이 가득했지만, 법당에 오자마자 졸거나 잡담을 하는 병사들이 많았습니다. 그럴 때마다 여기라도 와서 쉬고 싶어하는 것이 고맙고, 또 한편 안쓰럽기도 해서 설법을 들으라고 깨울 수가 없었지요. 아마도 연예인이나 여학생을 초청한 공연법회가 아니면 이들의 잠을 막을 방법이 없습니다.

그런데 한번은 부처님의 근본 가르침인 연기緣起를 이해시키려고 미국 MIT 공대의 에드워드 로렌츠 교수의 '나비효과 이론'을 예로 설명하였더니 많은 병사들이 신기했는지 법사와 눈을 맞추고 있지 않겠습니까. 마침 이공계 출신이 많은 공병부대라서 그랬는지는 모르겠지만, 그동안 그들이 듣고 배웠던 설법과는 다른 설명에 흥미를 보이고, 논리적이고 과학적인 불교교리에 놀라는 표정들이 역력했습니다.

참으로 서글픈 얘기지만, 법당을 찾는 대부분 장병들의 종교관은 이렇다 할 것이 없습니다. 부모의 종교가 불교이거나, 그저 불교가 우리 문화와 전통에 익숙하고 이질감이 적은 탓에 마음이 편해서 법당을 찾는 것입니다. 삶의 궁극의 진리가 궁금하다든가, 그 궁금함을 깨달아 진정한 자유와 행복을 찾으려 한다든가, 부처님을 존경하여 그 가르침을 배워보겠다는 장병의 존재는 정말 희유합니다. 실로 사람은 많아도 참다운 불자가 적습니다.

이런 그들에게 불교가 무엇이고 절이 어떤 곳이냐고 물어보면 대답이 뻔해요. 불교는 석가모니의 가르침이라는 대답에서 한 발짝도 더 내딛지 못합니다. 그러다 더 다그치면 나오는 대답들이 사찰은 죽은 사람 천도해주는 곳, 이삿날 받는 곳, 아들 점지해 주는 곳, 대학입시 합격기도 하는 곳, 등등. 사실 지금 우리 불교의 모습이 그렇지 않습니까? 그들의 어머니와 할머니가 그렇게 절엘 다니고 있고, 대부분의 사찰에 내걸린 현수막이 천도재고 입시기도다 보니 젊은이들이 불교를 그렇게 이해하는 것이 어쩌면 당연합니다.

요즈음엔 젊은이를 모아놓고 법회를 하는 곳도 별로 없지만, 아직도 음력 초하루와 보름을 고수하는 법회에 가보면 아주머니 할머니들 모아놓고 관세음보살과 지장보살의 영험담이 주류이고, 그나마 일요 법회를 하는 큰 사찰에서도 중국 당송唐宋시대의 선승禪僧들의 얘기에서 벗어나지 못하고 있습니다. 그러니 요즈음 젊은이들이 불교에 관심을 가질 리가 만무합니다.

그런데 아마존 밀림에서 나비의 날갯짓으로 일어난 아주 작은 바람이 서로 영향을 주고받으면서 미국 텍사스에 도착해서는 강력한 토네이도 바람을 일으킨다는 사실을 이론적으로 풀어낸 로렌츠 교수의 나비효과를 예를 들어 부처님의 연기법을 설명하니 젊은이들에게는 흥미로울 수밖에 없었겠지요. 그리고 거기에 관심이 더해지니 젊은 장병들은 그 어렵다는 연기법을 금세 이해합니다. 그리고 곧바로 머리를 끄덕이면서 놀랍니다.

'정말 불교가 이런 거였어, 대박!'

요즈음은 대부분 병사들이 고등교육을 받은 지성인이라서 성인의 말씀이라고 무조건 믿는 것이 아니라 거기에 상식과 과학, 그리고 논리가 없으면 외면합니다. 그래서 필자는 병사들에게 무상無常을 설명할 때면 물리학의 단위이론을, 무아無我를 설명할 땐 원자물리학과 생물의 세포분열을, 공空과 연기와 중도中道를 설명할 때는 열역학의 에너지보존법칙과 생물의 진화론, 그리고 물리학의 상호작용이론을 늘어놓습니다. 그리고 때로는 수학이나 인간공학 등의 짧은 지식도 총동원합니다.

사실 불교만이 상식과 과학, 그리고 논리와 충돌하지 않고 어긋나지 않는 교리체계를 가지고 있습니다. 부처님께서는 무조건 믿으라는 것이 아니고 와서 보고 증험하라고 하셨고, 부처님의 가르침은 지혜가 있는 사람이면 스스로 알 수 있다고 말씀하셨으니 상식·과학·논리와 충돌할 리가 없습니다. 그래서 불교는 맹목적으로 믿고 매달리는 신앙의 종교가 아니라, 이해했기 때문에 믿고 확신하여 실천하는 신행信行의 종교라고 하지 않습니까? 그러기에 자연과학도인 필자는 보편성·타당성·추증성을 갖추고 있는 불교가 너무나 좋습니다. 그리고 이러한 가르침을 주신 부처님의 제자인 것이 참으로 자랑스럽습니다.

최근에는 법당을 찾는 장병들이 눈에 띄게 줄고 있습니다. 교회도 마찬가지라고 합니다. 자초지종을 알아보니 그동안 '1인 1종교 갖기'에서 '종교를 가지지 않는 것도 종교의 자유'라는 자유종교활동으로 바뀌고서 나타난 현상입니다. 그러다 보니 전처럼 간식에 따라 휘둘리던 다종교 신자들이 자취를 감추고 정말로 불교가 좋아서 법당을 찾는 진성불자들이 늘어나고 있습니다.

그러므로 지금부터가 중요합니다. 군 불교가 과거 물량 중심으로 포교하던 틀에서 벗어나 질質로 접근해야 할 때가 온 것이지요. 더구나 질로 치자면 불교만큼 형식이나 내용에서 풍부한 종교는 없을 테니 우리가 한껏 실력을 뽐내야 할 때입니다. 상응하는 대책 마련이 시급합니다.

실미도사건 희생자 위령재

육군 제3군수지원사령부 산하 11보급대대에는 서울 서북지역에서 복무 중 사망한 장병의 유해를 임시 안치하는 '국군 제7지구 봉안소'가 있습니다. 군 복무 중에 사망한 장병의 유해를 화장하여 이곳에 임시로 안치한 뒤, 국립묘지에 안장하는 것을 임무로 합니다. 그런데 자살이나 의문사 등으로 유명을 달리한 장병의 유해는 국립묘지 안장을 못하고 가족에게 전달하는데, 가족들이 이런저런 이유로 인수를 거부하면 유해는 봉안소에 기약 없이 남게 됩니다. 그런 유해가 지금은 1백여 기가 넘는 것으로 알려지고 있습니다.

그리고 봉안소 언덕 아래에 작은 컨테이너 창고에는 10여 년이 넘게 안장하지 못하는 20구의 또 다른 유해가 보관돼 있습니다. 바로 소설

『실미도』로 널리 알려졌던 북파부대원들의 유해입니다.

1968년에 '김신조 사건', 또는 '1·21 사태'로 알려진 북한 특수부대원들이 청와대를 습격하려던 사건이 일어나자 이를 보복하기 위해 당시 중앙정보부의 주도로 수감 중인 죄수들과 일부 시민들을 꾀어 소위 실미도 부대를 창설했습니다. 군인 신분이 아니었던 이들이 인천 앞바다의 작은 무인도인 실미도에서 사선死線을 넘나드는 혹독한 군사훈련을 받고 북한 침투명령만을 기다리고 있었지요. 그런데 남북이 화해하는 상황으로 정세가 바뀌자 그들은 더 이상 불필요한 존재로 방치되었습니다. 그러자 혹시 죽임을 당할지도 모른다고 생각한 24명의 대원들이 당국에 대한 극도의 배신감에 훈련지에서 기간병을 살해하고 인천으로 상륙하였습니다. 그리고 청와대로 진입하려고 시내버스를 탈취하여 서울 영등포 부근에서 군경과 대치하다 더 이상 거사가 불가능하자 대원 20명은 현장에서 자폭하고, 남은 4명은 체포되어 재판을 받고 사형에 처해졌습니다. 이것이 1971년 8월 23일에 있었던 실미도 사건의 전말입니다.

당시 폭도로 발표됐던 대원들의 시신은 경기도 일대의 공동묘지에 나누어 묻혔고, 이어서 우리의 기억에서도 잊혀졌습니다. 그런데 소설 『실미도』가 영화로 제작되어 크게 흥행한 것을 계기로, 2005년에 과거사정리위원회가 폭도인 줄로만 알았던 이들이 국가를 위해 희생당한 경위를 다시 조사하면서 공동묘지에 가매장되었던 유해도 발굴하여 국군봉안소가 있는 이 부대에 보관하게 된 것입니다.

2007년에 제1군단사령부 군종참모(혜산 박동진 법사)의 요청으로 필자가 이 부대에서 처음 법회를 시작했을 때에는 봉안소 옆에 석가모니불을 모신 관음사라는 15평 남짓한 허름한 법당이 있었습니다. 봉안소에 안치된 사망장병의 가족들이 마음을 달래던 기도처였는데, 법당이 너무 비좁고 낡아 이곳에서 일요일에 종교활동을 하는 불자장병들을 모두 수용할 수가 없었습니다. 그래서 부대장과 상의하여 70여 평 규모의 법당인 극락전을 새로 짓고, 주불도 아미타불로 다시 모셔 안국사安國寺라는 이름으로 개원했습니다.

그리고 불단 옆에 영단을 설치하여 아직 편히 잠들지 못한 실미도사건 희생자들과 봉안소에 안치된 복무 중 사망 장병들의 위패를 모셔 놓고 틈틈이 명일시식도 하고, 6월 호국보훈의 달에는 위령제(천도재)를 봉행하고 있습니다. 그리고 2013년부터는 사건 당시 현장에서 체포되어 사형되었던 4명의 희생자를 위한 별도의 시식施食을 국방부의 요청으로 따로 봉행하고 있습니다. 이들 4명은 당시 사형이 집행되고 나서 시신이 어디에 묻혀있는지도 알지 못합니다.

국가의 부름으로 장성한 자식을 나라에 맡겼는데, 경위가 어찌 되었든 싸늘한 주검으로 되돌아온 자식을 맞아야 하는 부모와 가족들의 비통함은 당해보지 않은 우리로서는 참으로 혜량하기 어려운 일입니다. 임무를 완수하면 팔자 고쳐준다는 국가기관의 말을 믿고 사선을 넘는 인고의 세월을 보내다가 분노로 자폭한 실미도사건 희생자들의 원한이 얼마나 클지도 감히 상상할 수가 없습니다. 게다가 유해조차 찾을 수 없는 4명의 가족들의 참담한 마음을 또 어찌 다 헤아릴 수 있겠습니까?

다행히 앞으로는 복무 중에 사망한 장병은 사인死因이 무엇이든 모두 국립묘지에 안장하기로 국가가 법을 고쳤다고 합니다. 그러니 앞으로는 영면하지 못하고 봉안소를 떠도는 원혼들은 없을듯합니다. 그러나 신분이 군인이 아니라서 아직까지 영면하지 못하고 컨테이너 창고에 보관되어 있는 20구의 실미도 희생자 유해와 또, 유해조차 찾을 수 없는 4명의 문제는 조속히 해결되어야 하지 않을까요?

군포교가 젊은 장병들과 일요일에 법회만 하는 것이 아니라 마음에 슬픔과 분노, 그리고 원한이 가득 찬 이들의 마음을 풀어 주고, 아픈 상처를 어루만지며, 또 그들의 얘기를 듣고 위로하는 것도 안국사 법회를 책임진 민간인 성직자의 별난 소임입니다. 하지만 군포교가 아니면 어디서도 경험하지 못하는 값진 수행의 또 다른 모습입니다.

이 원혼들이 편히 쉬어야 필자의 별난 소임도 내려놓을 수 있지 않겠습니까?

관심병사에 대한
관심

최근에 동부전선 일반전초(GOP)에서 일어난 총기사고로 또 한 번 나라가 소란하고 국민들이 불안에 떨었습니다. 전역이 얼마 남지 않은 고참 병사가 자신을 제대로 대우해주지 않는다는 불만을 참지 못하고 동료들에게 수류탄을 던지고 총격을 가해, 5명이 사망하고 일곱 명이 부상을 입는 참극을 일으켰습니다. 전에도 국민들에게 충격을 주었던 연천과 강화도 해병대 총기 난사 사건도 이른바 관심병사라고 하는 문제사병에 의해 저질러진 불상사였지요.

평소 충동적인 성격으로 인해 병영생활 중에 가혹행위나 규정 위반, 사고, 또는 자살 등을 일으킬 염려가 있는 병사를 관심병사라고 합니다. 이들은 전문적인 심리검사를 통해 그 위험도에 따라 1, 2급으로 나누어 구분하는데, 영토를 수호하고 국민의 생명과 재산을 지켜야 하는 병사들의 20%가 관심병사라고 합니다. 그것도 관심병사의 4분의 1은 고위험군인 1급에 속한다고 하니 너무도 충격적이고 놀라울 따름입니다.

군대는 상명하복이란 계급조직의 특성상 각종 스트레스가 일어나기 쉽고, 병영이라는 공동생활에서 동료 사이에서 발생하는 집단 따돌림 등으로 우울증, 대인 기피증, 충동장애 등이 심화되기 쉽습니다. 그리고 이러한 장애들이 급기야는 자살이나 사고로 발전되는 특징을 가지고 있지요. 이번의 총기사고나 그동안 심심치 않게 발생했던 군 관련 사고들이 대부분 이에 기인하고 있음은 두말할 나위가 없습니다.

그런데 군에 입대한 뒤에 관심병사가 되기보다는 입대 전부터 내재하고 있던 성격장애가 군이라는 특수문화에 적응하지 못해 폭발하는 경우가 대부분이라고 합니다. 예를 들어 경쟁 위주의 학교, 한 자녀 중심의 가정환경, 외톨이 놀이문화 등의 영향으로 남을 배려하고 어울리지 못하는 성장배경이 주된 원인이라는 것이지요. 그리고 보면 관심병사의 문제는 군만의 문제가 아니라 가정교육은 물론 학교교육과도 연관돼 있습니다.

군이 존재하는 이유가 국가방위이므로 군인은 언제나 임전태세를 갖추어야 하고, 그러기 위해선 육체적으로나 정신적으로도 강인해야 합니다. 그러나 강군의 양성과 함께 우리가 소홀해서는 안 되는 것이, 성장기에 있는 젊은이들이 국방의 의무를 마치고 사회에 복귀하더라도 여전히 나라의 동량이 되도록 훈육해야 하는 일입니다. 그러려면 무엇보다도 자녀를 나라에 맡긴 부모의 입장에서 그들을 보살펴야 하는 것이지요.

그래서 병사 개개인의 고민과 불만을 들어주고 함께 해결하는 심리 상담이 관심병사 문제를 해결하는 좋은 대안이 되고 있습니다. 심리상담은 병사들의 정신건강에 미치는 부정적인 요인들을 미리 파악하여 불상사를 예방하는 효과가 있기 때문이지요. 갈수록 커져가는 장병들의 정신적 스트레스로 군 내부의 문제들까지 밖으로 불거지면서, 최근에는 군에서도 전문상담제도를 도입하여 긍정적인 성과를 거두고 있다고 합니다. 그러나 관심병사들 모두를 보살피기에는 역부족이어서 군종 분야에서도 상담에 참여하는 방안이 마련되고 있고, 일부 종교에서는 발 빠른 대응을 하고 있습니다. 그런데 불교계의 움직임은 눈에 잘 띄지 않습니다.

아마도 심리 상담을 인류역사상 최초로, 또 가장 잘하신 분이 부처님이 아닐까 생각합니다. 부처님께서는 찾아오는 누구에게나, 때로는 직접 찾아 고통받는 중생들을 상담을 통해 제도하셨음을 많은 경전에서 확인할 수 있습니다. 문제가 해결될 때까지 끊임없는 문답으로 스스로 깨우치게 하시고, 묻는 사람의 심리를 헤아려 근기에 따라 치료하시는 부처님의 대기설법對機說法이 바로 상담의 극치가 아닐까 생각합니다.

또한, 고요히 자신의 몸을 관찰하고, 몸에서 느껴지는 느낌을 관찰하고, 즐겁고 괴롭고 화나는 마음을 관찰하고, 그리고 나와 그 대상에서 일어나는 법法에 대하여 관찰하는 불교의 명상수행이 현대인의 스트레스 해소뿐만 아니라 군대의 관심병사 문제를 해결하는 심리치료의 대안으로 각광받을 수 있을 것으로 생각됩니다.

사실 부처님의 가르침과 교화활동은 현대의 상담심리와도 전혀 다를 바가 없습니다. 더구나 불교를 마음공부, 즉 유식唯識이라고 하니 이는 바로 심리心理와 같은 말이 아닙니까? 그러니 부처님의 가르침과 오늘날 상담심리학과의 장단을 파악하여 이를 상담에 응용하면 다른 어떤 방법보다 비교우위를 가질 수 있을 것으로 확신합니다. 다만 이에 대한 불교계의 지속적인 지원과 관심이 필요합니다.

그리고 무엇보다도 국가를 위해 일익을 담당했다는 자부심과 군대에서나 얻을 수 있는 소중한 체험이 자신의 삶에 밑거름이 된다는 사실을 국민 모두가 수긍하는 사회 분위기가 형성돼야 합니다. 흔히 '군대를 다녀오더니 사람 됐다'는 말이 참말이어야 합니다. 요즈음 젊은이들의 생각처럼 '군 복무가 일생에서 가장 기피하고 싶은 일'이라고 한다면 관심병사는 더욱더 증가할 수밖에 없을 것이고, 그에 따른 사건·사고도 끊이지 않을 것입니다.

부처님의 가르침의 궁극이 중생의 이고득락離苦得樂에 있으니, 괴로워하는 이를 찾아 위안을 주는 것은 불교와 불교인의 사명이자 의무일 것입니다. 불교계의 관심병사에 대한 관심이 필요합니다. 더구나 군 불교를 담당하는 종단의 지속적인 관심과 역할이 절실합니다.

햄버거 만들기와
보살십지 수행

　군 법당에서 법회가 끝나면 장병들과 둘러앉아 친교도 하면서 먹는
간식으로, 현장조리 메뉴를 제외하면, 단연 피자와 햄버거가 최고입니
다. 그런데 장병들이 좋아할 만한 질량으로 이를 구입하려면 비용이 정
말 만만치 않아서, 부처님 오신 날과 같은 특별한 날이 아니면 마련하기
가 쉽지 않습니다. 아니, 특별한 날이라도 큰맘을 먹거나 누가 거들지 않
으면 선뜻 구매하기가 어려운 품목이지요. 그래서 비교적 만들기가 쉬
운 햄버거를 종종 집에서 만들곤 한답니다.

　요즈음에는 햄버거가 사병식단에도 포함된 메뉴라서 선호도가 조금
떨어지긴 하지만, 그래도 사제私製고, 수제手製라는 의미가 더해지면 인
기가 대단합니다. 그리고 조금만 부지런을 떨면 비용은 절반에 품질은

곱이 되는 햄버거를 집에서 간단히 만들 수가 있답니다.

대형마트에서 햄버거용 빵과 패티, 그리고 그 사이를 채울 양배추 등의 채소와 소스를 준비하고, 이를 포장할 유산지만 있으면 됩니다. 한 사람은 팬에 기름을 두르고 패티를 지져내면 다른 한 사람이 소스에 버무린 채소와 패티를 빵 사이에 넣은 다음 유산지로 한 개씩 포장하면 그만입니다. 별로 어렵지 않아서 한 시간이면 둘이서 1백 개는 거뜬히 만들 수 있지요. 그리고 식지 않도록 보온 상자에 넣었다가 따뜻할 때 나누어주면 장병들이 참 좋아합니다.

법회 날 아침 일찍, 전날 준비해둔 재료로 아내와 함께 햄버거를 만들면서 장병들이 맛있게 먹는 모습을 상상하면 입가에 웃음이 절로 나고, 또 신이 납니다. 이런 마음으로 햄버거 만들기에 집중하다 보면 거기엔 어떤 잡념이나, 번뇌가 끼어들 틈이 없습니다. 그리고 장병불자들이 법사가 직접 만들어 온 정성에 감사하고, 수제 햄버거의 맛에 감탄하는 모습을 보면 한없이 고맙고 마음도 뿌듯합니다. 그래서 다음에는 더 좋은 재료로 맛있는 햄버거를 만들어야지 하고 다짐도 한답니다.

그리고 그날 법회에서 공업중생共業衆生, 천지동근天地同根, 만물일여萬物一如 등의 부처님 가르침을 장병들에게 전하면서, 국방의무에 헌신하는 장병들의 노고를 위로하고 칭찬한 다음, '모두 성불합시다'로 작별인사를 하고, 즐겁고 흐뭇한 마음으로 집에 돌아오면 기다리는 애들이 하는 말입니다.

"아빠, 오늘 좋은 일 있었어요?"

『화엄경華嚴經』에서 대승보살의 열 가지 수행단계를 십지十地라고 합니다. 부처의 지혜를 이루어서 흐트러짐이 없이 잘 간직하고, 모든 중생을 교화하여 이롭게 하는 것이 마치 대지大地가 온 생명을 품고 기르는 것과 같다고 해서 지地라고 합니다.

그 십지의 첫 단계가 환희지歡喜地입니다. 중도中道의 지혜로 불성佛性의 이치를 보고 잘못된 견해를 끊어 나도 좋고 남도 좋은 자리이타自利利他의 삶을 살아갈 때 느끼는 기쁨을 말합니다. 쉽게 말하면 부처님의 가르침에 따라 보살행을 하면서 맛보는 행복감이 바로 환희지라고 할 수 있습니다.

그리고 그다음을 이구지離垢地라고 하는데, 탐·진·치 삼독三毒과 같은 온갖 번뇌를 여의여 몸이 청정淸淨해지는 단계이고, 다음으로 몸이 청정하면 지혜의 광명이 저절로 나타나는 단계인 발광지發光地에 이릅니다. 그리고 나머지 염해지焰慧地·난승지難勝地·현전지現前地·원행지遠行地·부동지不動地·선혜지善慧地 들의 단계는 보살행이 더욱 굳건해지면서 나타나는 지위로 해석할 수 있고, 결국에는 지혜와 복덕을 구비한 자비로운 구름이 되어 온 중생을 이롭게 하는 법운지法雲地에 도달하는데, 이것이 십지의 마지막입니다.

햄버거를 만들면서 평등하게 나누고 베푸는 보시행布施行의 즐거움을 만끽하니 이것이 환희지요, 만들기에 집중하면서 삼독과 번뇌를 여의니 이것이 이구지며, 법회를 다녀온 아버지의 표정이 밝으니 이것이 바로 발광지입니다. 그리고 젊은이들에게 부처님의 말씀을 전하고, 온 생명이 행복하기를 바라는 마음으로 전법의 공덕을 쌓았으니, 이것이 법운지가 아니고 무엇이겠습니까?

건방진 말씀이지만 필자는 군 포교에서 보살십지를 경험하고 있습니다. 그래서 여러분들도 군 포교에 나서보라고 권합니다. 군 포교에는 정말로 쉽게 보살되고 부처되는 길이 있습니다. 스스로 젊은이들에게 부처님의 말씀을 전하고 교화敎化할 자신과 능력이 있다면 더더욱 주저할 일이 아닙니다. 꼭 부처님의 말씀이 아니더라도 젊은이들을 이롭게 하는 전문지식이나, 그들에게 위안과 행복을 줄 수 있는 내용이라면 누구라도 환영받습니다. 만약 그렇지 못하다면 능력 있는 법사를 도와 열심히 햄버거 만들고 거들면 됩니다. 법회에 함께 가서 햄버거 나눠주고 장병들과 놀아주면 됩니다.

더구나 지금 군대에는 군승법사가 절대 부족하여 법당이 있어도 매주 법회를 못하는 부대가 많습니다. 법당이 없지만, 교육관이나 식당에서라도 법회를 하고자 하는 부대가 많습니다. 그들이 여러분의 손길을 간절히 기다리고 있습니다. 한 달에 한 번이라도 무량한 전법의 공덕을 쌓아보시길 바랍니다.

전법이 곧 수행입니다.

6장

안타까운 마음에
덤벙대는 소리

포교일선에서 나서보니 성에 차지 않는 것이 너무도 많습니다.

사람 잡는 선무당이 되더라도,
학생을 가르치고 훈계하던 직업의 습기를 버리지 못한 어리석은 행동일지라도
꼭 하고 싶은 얘기라서 이미 신문잡지에 기고했던 글들을 다시 모았습니다.

수행공동체, 승가僧伽의 붕괴

　최근에 발표된 조사자료에 따르면 교회가 절보다 10배가 많다고 합니다. 그렇다면 기독교도가 불교도보다 10배가 많은 것은 아닌지요? 물론 양적으로는 그렇지 않겠지만, 질적으로는 능히 10배도 넘어 보입니다. 이미 정치·교육·문화·출판·예술 등 사회저변에서 그런 실질적인 격차를 보이고 있습니다. 예를 들어 출판되는 신간 서적의 양이나 다음카페의 종교별 분포를 보아도 그렇습니다.

　얼마 전까지만 해도 2천만이라던 불자가 지금은 1천만도 어려운 상황입니다. 그나마 불자들의 신심의 깊이는 아주 얕아서 이웃 종교인들과 비교하기가 부끄럽습니다. 그럼에도 불교의 가르침이 과학적이고 우수하다느니, 가르침의 분량이 이웃 종교보다 1천 배는 많다느니, 정부지정

문화재의 80%가 불교문화라느니 하는 주장만 늘어놓는 것이 작금의 불교입니다.

왜 우리 불교가 이 지경이 되었을까요? 여러 가지 이유가 있겠지만, 무엇보다 가장 큰 원인은 수행공동체인 승가가 붕괴한 데 있는 것이 아닌가 생각합니다. 삼보 가운데 불보와 법보는 변함이 없지만 불법佛法을 수호해야 할 승보가 붕괴하니 불보와 법보도 함께 쇠락하는 것이 아닐까요?

승가란 '화합·공동체·조합' 등을 뜻하는 산스크리트어의 상가(saṃgha)를 한자로 음역한 말로, 한문으로는 중衆·화和·화합중和合衆·화합승和合僧 등으로 번역되고, 산스크리트어와 한문을 함께 써서 승려僧侶 또는 승단僧團이라고 하지 않습니까? 따라서 수행자가 무리 지어 살지 않는다면 이는 이미 승가가 아닙니다. 물론 중국이나 우리나라에서는 한 사람도 승려라고 한다지만, 이 경우는 처절한 수행을 위해 홀로 사는 것이지 지금처럼 편하자고 혼자 사는 것이 아닙니다. 편함을 쫓아 혼자 사니 수행은 없고, 별별 추문만 난무합니다.

대승불교의 승가는 출가 수행자인 비구(比丘)·비구니(比丘尼)와 재가신도인 우바새(優婆塞)·우바이(優婆夷) 등 사부의 대중大衆으로 구성됩니다. 그리고 우바새와 우바이까지 포함하여 누구라도 받아들이는 승단을 사방승가四方僧伽라 하고, 출가 수행자인 비구·비구니만으로 구성된 승단을 현전승가現前僧伽라고 합니다. 그런데 현전승가가 성립되려면 갈마(羯磨, 계율의 작법)에 필요한 최소한의 인원인 4명 이상이 함께 살아야 한다고 합니다.

본래 승가는 세속적 삶을 버리고 부처님을 따라 유행遊行하며 수행하던 제자들의 무리를 가리켰습니다. 그래서 부처님이 열반하신 다음에도 무리를 지은 제자들은 공동생활에 필요한 율법에 따라 유행하고 탁발托鉢하며 생계를 유지했습니다. 출가수행자의 소유물은 삼의일발三衣一鉢이니 승가칠물僧伽七物이니 하여 옷 3벌, 발우 하나, 그리고 수행에 꼭 필요한 몇 가지의 물건만 개인이 소유할 수가 있었고, 그 밖에는 어떤 물건도 소유할 수 없을 뿐만 아니라 생산활동 등과 같은 경제활동도 허락하지 않았습니다. 이러한 불교 본연의 전통이 중국에 와서 스스로 생계를 해결하는 자급자족의 형태로 바뀌어 '하루 일하지 않으면 하루 먹지 말라'는 백장청규百丈淸規가 나온 것이지요.

　　그런데 지금 한국불교의 승가는 어느 쪽입니까? 어느 쪽은 고사하고 무리 지어 살고 유행해야 하는 승가 본연의 정체성이 이미 사라졌습니다. 대부분의 스님들이 자기 절을 가지고 혼자가 아니면 문중이라는 가족끼리 살고 있습니다. 교구본사와 같은 큰 절이나 심지어 종단에 소임을 가진 스님들도 대부분이 자기 절에서 출퇴근합니다. 심지어 종단의 최고 어른인 종정스님마저도 소임지를 벗어나 자기 절에 주석하기 일쑤입니다. 그러다 보니 대중이 함께 지내며 갈마하고 탁마하는 화합승가의 모습을 찾아볼 수가 없습니다.

　　수행하는 사람이 한곳에 오래 머물면 안 되는 이유를 부처님께서는 『증일아함경』 오왕품에서 이렇게 말씀하셨습니다.

　　"자기가 사는 집에 집착이 생겨 다른 사람에게 빼앗길까 두려움이 생긴다. 재물에 집착이 생겨 잃어버릴까 걱정이 생긴다. 세속사람들이 재물에 매달리듯 재물을 모으는데 힘쓰게 된다. 자기와 친한 사람에게 신경을 써서 남들이 그와 친하게 되는 것을 싫어하게 된다. 부질없이 세속사람들과 왕래하게 된다."

지금 우리 불교의 승단이 그렇습니다. 절이 제 것이니 남에게 빼앗길까 두려워 세속 법으로 보호막을 치고, 재산을 늘리려고 절마다 기왓장을 팝니다. 심지어 수백, 아니 천 년 이상을 내려오는 전통사찰도 문중門中이라는 세력을 만들어 서로 나누어 가졌으면서, 또 더 가지려고 싸우며 서로 해치기도 합니다.

한국불교가 살아나려면 승가가 바로 서야 하고, 그러려면 승가 본연의 수행공동체가 복원되어야 합니다. 그렇다고 전법을 등지고 수행만을 위한 승가가 되어서도 아니 되는 현실이니 지역별 거점 사찰을 정하여 함께 기숙하고 수행하면서 말사나 포교당에는 근무에 필요한 날과 시간을 정하여 출퇴근을 하는 것을 심각하게 고민해야 합니다.

남자도
성불할 수 없다

한 비구니 스님이 부처가 되기 위해 어린 나이에 출가하여 열심히 수행하였습니다. 그러던 어느 날 우연히 '여자는 성불하지 못한다'는 말을 듣고는 하늘이 무너지는 충격에 은사 스님을 찾아 눈물을 흘리며 여쭈었습니다.

"스님, 여자는 정말로 성불하지 못합니까?"

부처님께서는 '아라한(阿羅漢, 수행을 완성한 성인. 부처)이 되는데 남녀의 차별이 없다'고 말씀하셨지만, 부파시대에는 '여인오장설女人五障說, 즉 여인은 범천·제석천·마왕·전륜성왕, 그리고 부처가 될 수 없다는 논리가 있었습니다. 그래서 여자는 다음 생에 반드시 남자로 태어나서 부처되기를 서원해야 한다고 가르치기 일쑤였지요.

그렇다면 남자는 성불할 수 있을까요?

대답은 '노(no)!'입니다. 남자 또한 성불할 수가 없습니다. 왜냐하면 '남자다', '여자다'를 분별하는데 어찌 성불할 수 있겠습니까? '최상의 바른 깨달음'인 아뇩다라삼먁삼보리阿耨多羅三藐三菩提에는 남녀의 분별이 없는데. 남자와 여자를 모두 여의여야 무상·정등·정각無上正等正覺을 성취할 수 있는 것이 아닙니까?

부처님의 아버지인 정반왕이 서거하고 카필라국이 멸망하자, 이모이자 계모였던 마하빠자빠띠와 5백 명의 석가족 여성이 부처님께 출가를 원했습니다. 그러나 부처님은 이를 수차 거절하시다가 제자 아난다의 간곡한 청에 마지못해 허락하셨지요. 아마 부처님의 허락은 당시 여성이 차별받던 인도사회에서는 대단히 혁명적인 사건이었을 것으로 보입니다. 그래서 부처님께서는 어쩌면 자신보다도 더욱 여성출가를 반대했을 것으로 보이는 비구들의 불만과 여성출가가 여성의 신분상승으로 이어질 것을 우려하는 사회적 불만을 고려하여, 소위 팔경계법八敬戒法을 내세워 허락의 명분으로 삼으신 것이 아닌가 생각됩니다.

더구나 고대 인도 사회가 여성을 남성의 소유물로 여기고 아직도 그러한 전통이 남아있는 점을 고려할 때, 팔경계법이 아니었다면 여성이 홀로 출가수행자로 살 수가 없었을 것입니다. 그러니 부처님께서 비구니를 보호하기 위한 방편으로 그런 불평등한 계법을 정하신 것이 틀림이 없어 보입니다. 만일 그렇지 않다면, '비구니는 반듯이 비구 또는 비구가 있는 곳에서 구족계具足戒·포살布薩·안거安居·자자自恣·참회를 해야 하고,

비구의 허물을 말하지 않고, 비구의 허락 없이 삼장三藏을 묻지 않으며, 1백 세의 비구니라도 새로 구족계를 받은 비구를 예로 모셔야 한다'는 불평등한 계목이 있을 수 없었을 것입니다. 왜냐하면, 일체의 중생이 부처의 성품을 지녔다하시고, 만유의 평등과 자비를 가르치신 부처님께서 절대로 위선僞善을 하셨을 리가 없기 때문이지요.

그런데 부처님께서 여성출가를 허락하신 다음에도 '비구니로 해서 천 년을 지탱할 불법이 5백 년으로 줄게 될 것'이라고 걱정하셨다고 합니다. 아마도 이런 걱정은 번뇌를 소멸해야 하는 수행자 집단에 남녀가 어울리게 됨으로써 수행환경을 해칠 수 있다는 우려와 여성의 몸으로써 출가수행이라는 고행을 감내해야 하는 어려움, 그리고 고대 인도 사회의 여성에 대한 관습적인 차별문제 등에 대한 고민이었을 것으로 읽힙니다.

이런 불평등에도 불구하고 마하빠자빠띠고따미 비구니는 남성과 동등한 출가수행자의 길을 개척한 최초의 여성입니다. 불교 최초의 비구니 교단을 창설하였을 뿐만 아니라, 고대 인도 사회에서 여성이 남성의 굴레에서 벗어나 독립적인 인격체로 홀로 서신 분입니다. 그래서 부처님께서도 고따미 비구니에 대한 찬탄을 게송으로 남기셨고, 부처님 자신이 고따미 비구니의 아들이자 스승임을 선언하셨습니다. 그리고 고따미 비구니 이후에도 수많은 비구니가 그의 후예로서, 또 부처님의 제자로서 당당하게 구도자의 길을 걸어왔음을 불교사에서 밝히고 있습니다.

그런데 생물학적으로나 사회적으로도 남녀가 평등한 문명시대에, 여성차별을 담은 팔경계법이 비구들로 하여금 자신들의 권리를 놓지 않으려는 수단으로 이용되고 있는 현실을 보면 참으로 한심스럽습니다. 팔경계만이 아니라 비구의 구족계가 2백50조인데 반하여 비구니는 3백 48조인 것도 상식적으로 납득하기가 어렵습니다. 게다가 비구니계를 수 지하기에 앞서 여성의 임신 여부를 확인하기 위해 식차마니계를 받는다 고 하니 얼마나 황당한 일인지.

요즈음에는 수적으로 비구니가 비구보다 많고, 또 비구보다도 걸출 한 비구니스님들이 불교 저변확대에 큰 역할을 담당하고 있습니다. 그 런데도 한국불교 장자종단의 80석이 넘는 중앙종회에 비구니 의석은 겨우 열 자리에 불과합니다. 그뿐만 아니라 원로회의를 비롯해 종단의 주요직책을 비구들만 독식하는 등의 비열한 모습을 보이고 있습니다. 그리고 또 어떤 종단은 비구니를 머리를 기르게 하여 아예 스님으로도 인정하려 하지 않고 있습니다.

단언하건대, 이러한 일련의 몰상식한 제도와 의식은 결코 불교발전은 물론 승려 자신의 수행에도 결코 도움이 되지 않을 것입니다. 비구니 종 정, 비구니 총무원장을 반대하는 비구는 있어도, 이를 반대하는 불자와 국민은 없다는 사실을 비구들은 명심해야 할 것입니다.

스님만
수행자가 아니다

    필자는 꽤 오래전부터 우리 옷(개량한복)을 입습니다. 김영삼 정부시절에 우리 문화를 세계에 자랑한다고 한동안 토요일은 한복 입는 날로 정했던 일이 있었는데, 그때부터이니 벌써 20년도 넘었습니다. 처음에는 한복을 입고 강단에 서는 것이 무척이나 멋쩍었지요. 또 그걸 입고 외출이라도 할양이면 적지 않은 용기가 필요했습니다. 그러나 지금은 양복 입는 것이 오히려 거북할 정도가 돼버렸으니 20년 세월이 무섭기는 합니다.

    한복은 불자인 필자에게는 참으로 편리한 옷입니다. 절하기에 편하고 참선할 때, 저린 발을 감추기도 좋고, 무엇보다 품새가 넉넉해서 차림에 마음 쓸 필요가 없어서 좋습니다. 그래서인지 절에 가면 한복을 입은 불자들을 흔히 만날 수 있습니다.

예전에는 재가불자의 법복이 따로 있었던 것이 아니라 스님의 옷처럼 먹물을 들인 무명으로 만든 바지와 동방(반두루마기)이 고작이었습니다. 그래서 법복을 구하기 어려웠던 시절에는 스님들에게 얻어 입기도 했지요. 대학 시절에 해인사에서 열린 대불련 여름수련대회에 법복을 입은 몇몇 친구들을 무척 부러워했던 기억이 있습니다. 1960년대에는 서울·대구·부산에나 승복집이 있었지 지방에서는 정말 승복 구하기가 어려웠지요. 스님들조차 장삼 마련이 어려워 재가의 회색이나 밤색 두루마기 위에 가사를 걸치는 분이 있었습니다.

옷이란 몸을 보호하는 본연의 기능 말고도 자신의 신분을 드러내는 역할을 합니다. 학생·군인·경찰·서비스업 종사자들이 제복을 입는 것도 사람들의 눈에 쉽게 띄고, 스스로를 조신操身하기 위함입니다. 스님이나 불자들의 법복도 마찬가지로, 법복이 불자임을 나타내어 스스로 청정 계행을 닦겠다는 실천의 의지를 천하에 드러내고자 함입니다.

원래 수행자의 옷을 뜻하는 분소의糞掃衣는 '뒤를 닦고 버린 쓰레기로 만든 옷'이니까 이름 그대로 세상에서 가장 추한 옷입니다. 부처님 당시에는 사람의 주검을 덮던 천 조각이나 넝마를 주어다 기워 입었다고 하니 그런 표현이 결코 과장된 것이 아닙니다. 그리고 분소의의 다른 이름인 납의衲衣란 말도 '조각을 기워 만든 옷'이라는 뜻인데, 우리말에 '누비옷'이 여기서 나왔지요.

또 '염의染衣'라는 말은, 과거에 인도에서는 속인俗人들이 흰옷을 입는

데 반하여, 수행자는 염색한 옷을 입는 데서 나온 말입니다. 그리고 염색에도 정색(正色, 파랑·노랑·빨강·하양·검정)이 아니라 화려하지 않은 중간색인 부정색不正色, 즉 정색이 무너졌다는 의미의 괴색壞色을 씁니다. 일반적으로 감색을 말하는 괴색은 나무껍질이나 과즙, 또는 쇠의 녹물에서 얻습니다. 스님들이 장삼위에 걸치는 가사(袈裟,kasaya)라는 말이 바로 괴색, 또는 염의라는 뜻의 범어梵語입니다.

그런데 요즈음에는 옷감과 염색의 고급화로 승복이 기백만 원짜리가 있고, 재가자의 법복조차 디자인까지 가미되어 수십만 원을 웃돈다고 합니다. 그러다 보니 법복이 수행복이라는 본래의 성스러운 기능은 사라지고 자기과시의 수단으로 전락하고 있어서 걱정입니다. 예로부터 절에 갈 때는 수수하고 점잖은 차림새로 패물과 같은 장신구도 몸에 지니지 않는 것이 법도였는데.

그런데 지난 2004년에 조계종 교육원 불학연구소가 조사한 '재가자 법복착용에 대한 설문조사'에서 70% 이상의 스님들이 승복과 비슷한 법복을 재가가 착용하는 것을 금지해야 한다는 의견을 나타냈다고 합니다. 이런 결과를 근거로 종단 입장을 대변하는 교계의 한 신문이 '수행자의 위의威儀가 담긴 승복과 흡사한 회색 법복을 재가가 입는 것을 자제해야 한다'고 주장하고 나섰습니다. 재가가 스님들의 법계를 드러내는 가사를 걸친 것도 아닌데 수행자의 색깔을 의미하는 괴색의 전통 옷을 입는 것을 두고 바람직하지 않다는 주장을 하고 있으니 참으로 어처구니가 없습니다. 스님들과 같은 색깔의 법복을 재가가 입는다고 스님들이 못마땅해한다니 이게 말이 됩니까?

모름지기 수행자의 옷은 검소하고 수행에 불편함이 없어야 하지만, 지금은 어떻습니까? 스님의 가사는 헤져서 덧댄 천 조각을 말하는 것이 아니라 몇 조 가사라고 해서 일부러 조각을 내어 품계를 상징하고 있습니다. 천이나 색깔이 세상에서 제일 형편없어야 하는 수행자의 옷이 지금은 권위를 상징하는 귀족의 옷으로 바뀌고 있습니다. 그러다 보니 옷은 물론 옷의 색깔조차 허락하려 하지 않는 것이 아닌가요?

이 문제는 비단, 옷만의 문제가 아닙니다. 수행자인 스님이 자신을 브라만이나 목자牧者라고 생각하는 경우가 대다수라는 것이 더 큰 문제입니다. 삭발염의한 불제자에게 성직聖職이란 말이 얼토당토않음에도 자신을 성직자라고 합니다. 수행자를 성직이라 한다면 브라만과 무엇이 다릅니까? 그런데도 성직자로 군림하려는 스님들이 70%나 되는 다수라는 현실이 참으로 안타깝습니다.

그리고 출가자만이 수행자가 아닙니다.

과감하게
버릴 줄도 알아야

　부처님이나, 보살, 성문, 또는 불법을 보호하는 신중神衆들을 그림으로 그려 벽에 거는 그림을 탱幀, 또는 탱화幀畵라고 합니다. 티베트의 탕카tanka에서 유래된 말로, 주로 종이나 천에 그려서 말아 올릴 수 있도록 하는 족자 형식이 일반적이지만, 액자로 만들어 걸기도 합니다. 탱의 원래 뜻은 '틀에 그림을 붙이는 것', '걸개', '서화를 세는 단위' 등을 뜻하지만, '거는 그림'으로 이해하면 됩니다.

　보통 탱화는 사찰이나 가정집의 불단佛壇에 걸기도 하고, 부처님을 모시지 못한 곳에서 부처님을 대신하기도 하며, 부처님의 가르침을 설명하는데 쓰기도 합니다. 그리고 탱화는 10세기경에 티베트에서 만다라와 같이 명상 수행에 사용되었다고 합니다. 우리나라에는 언제 들어왔는지 확실하지 않지만, 현존하는 탱화의 대부분은 고려시대 이후의 작품이라고 합니다. 『삼국유사三國遺事』에 의하면 이미 삼국시대부터 불화가 그려졌다고 하지만, 부처님 뒤에 거는 후불탱화는 훨씬 뒤에 생겼을 것으로 추측됩니다.

그런데 처음 탱화를 접하면서, '왜 부처님 뒤에 같은 부처님을 그림으로 모시는지', '왜 그림의 색은 정색만 써서 눈을 산란하게 하는지' 그리고 '왜 그림이 사실적인 구도가 아닌지' 하는 의문을 가지게 되었습니다. 물론 그림 하나하나가 모두 뜻이 있고, 법도에 맞게 그려졌을 것으로 생각은 되지만, 너무 가식적이고 의례적이어서 사람들의 마음을 얻기에는 좋은 그림은 아니라는 생각을 했던 것입니다.

충북 청원군 현도면에 있는 성불사 대웅전에는 십대제자와 함께 경전을 실은 달구지와 호미를 들고 밭을 매는 농부의 모습을 사실적으로 표현한 후불탱화가 있습니다. 또, 파주의 육군 제2기갑여단 법당 탱화에는 부처님께 거수경례를 하는 군인이 다른 성중과 함께 그려져 있습니다. 우락부락한 모습의 인물들이 부처님을 둘러싸고 있는 종전의 탱화보다는 훨씬 정감이 있고 이해하기가 쉽습니다. 그렇지만 이들 탱화도 우리가 명화를 감상하면서 느끼는 감정은 느낄 수 없습니다.

군 법당을 지으면서 마음대로 장엄할 수가 있었던 제3군수지원사령부 안국사는, 아미타부처님을 연화장 세계에 모신다는 뜻으로, 전통 한지에 연꽃을 수묵으로 그린 대형 그림을 후불탱화로 모셨습니다. 그리고 백마사단 수색대대 영축사는 석가모니 부처님 뒤에 보리수나무를 한그루를 그려 선정 중이신 부처님 모습을 표현했습니다. 그리고 제1보병사단 12연대 석불사는 반야심경을 병풍처럼 둘러 탱화 대신 모시기도 했습니다.

그런데 이를 본 많은 사람들이 환희심을 내고 탄복하기도 합니다. 이상하다거나 잘못됐다고 하는 사람을 단 한 명도 보지 못했습니다. 특히 장병들은 평소에 무섭고 혼란스럽던 전통 탱화가 아닌 모습에 너무 좋아합니다. 게다가 안국사는 법당을 부대의 교육장으로 써야 해서 부처님 앞에 가림막을 설치해 주었는데도 이를 사용하지를 않습니다. 왜냐하면, 교회에 나가는 장병들조차도 부처님이 거북하지 않기 때문입니다.

전통을 지키는 것도 중요하지만, 봉건왕조시대의 풍속을 지금까지 그대로 고수하는 것은 다분히 문제가 있습니다. 그것도 부처님의 가르침이 아니라 출처가 불분명한 관습이나 제도에 의하여 그리하는 것이라면 과감히 벗어버리는 것이 옳습니다. 예를 들어 어간御間이라는 것도 그렇습니다. 어御라는 것이 임금을 뜻하는 말인데 이를 절에서 쓴다는 것이 합당하지도 않을 뿐만 아니라, 정면에 삼문을 두고도 옆으로 낸 작은 문으로만 신도를 출입하게 한다든지, 부처님 정면의 자리를 앉지 못하게 하는 것은 아무리 생각해도 부처님의 뜻이 아닐 듯합니다. 부처님 말씀을 잘 듣게 하려면 앞에 앉으라 하셨겠지 옆에서 들으라고 하셨을 리가 만무합니다.

중국에서 유래된 봉건왕조의 권위주위를 평등을 강조하는 불가에서 지금까지 고집하고 있는 이유가 무엇일까요? 법회를 초하루 보름으로 고집하는 것도 그렇습니다. 음력을 쓰던 시절에야 어쩔 수가 없었다고 하지만, 음력이 절기節氣에 맞지도 않고, 또 비합리적이라서, 물때를 살펴야 하는 어부들 말고는 거의 쓰지 않는 역법曆法인데, 양력을 공식적으로 폐지한 지가 1백 년이 넘었는데도 유독 절에서는 이를 고집하고 있으니 과연 불교가 합리적인 종교, 과학적인 종교가 맞는지 모르겠습니다.

또 스님들이 한문으로 의식儀式을 하고 독경을 하며, 그것을 신도들에게 가르치는 모습을 보아도 그렇습니다. 신도들이 한문을 배우고자 함이 아니거늘, 쉬운 우리말 놓아두고 자기가 그렇게 배웠다고 한문경전을 움켜쥐고 놓지 못하고 있는 모습을 보면 딱하다 못해 안쓰럽기까지 합니다. 혹시 그래야만 불교가, 아니 스님이 권위가 선다고 생각하는 것은 아닐까요?

『금강경金剛經』의 가르침인 무상無相을 법회마다 그렇게 강조하면서, 고정관념은 고사하고 쓸데없는 습관 하나 내려놓지 못해 자라나는 세대를 불편하게 하고 있는 이런 스님들의 모습들을 보면, 어떻게 불교를 자비의 종교라고 하는지 이해할 수가 없습니다.

하루빨리 고쳐야 합니다. 버릴 것은 과감히 버릴 줄도 알아야 합니다.

우리 스님의
전공

　서울 근교의 한 사찰에서 스무 평 남짓한 요사를 신축할 때 지켜본 일입니다.

　주지스님이 건축자재를 구입한다고 혼자서 목재소를 다닙니다. 목재를 잘 아는 신도나 시공자에게 맡기면 될 일을 무엇이 그리 못 미더운지, 전문가도 아닌 당신이 직접 나섭니다. 결국, 좋은 목재를 값싸게 구매했는지는 고사하고, 수요예측을 못 해 남은 목재가 담장 뒤편에 산더미처럼 쌓였습니다. 그뿐이 아닙니다. 중장비와 고급기술이 필요한 자연석쌓기 축대공사를 하면서 뜨락이 넓으니 좁으니 하더니만 쌓은 축대를 헐고 다시 쌓기를 수차례 반복하더니, 결국 건축비가 배가 더 들었다고 합니다.

건축이라는 것이 설계과정에서 충분히 검토하여 소요자재와 공사비를 산출하고, 또 예산에 따라 자재와 공법을 결정해야 하는 전문분야의 기술입니다. 그래서 건축에는 설계와 시공 분야의 전문가를 필요로 합니다. 그런데 도면도 볼 줄 모르는 비전문가의 어설픈 열정이 삼보정재三寶淨財를 낭비하고, 공기工期를 지연시키는 결과를 초래한 것입니다. 현대는 실로 다양한 전문가들에 의하여 운영되는 사회입니다. 세상에는 직업의 종류가 2만여 가지에 이르고, 우리나라에서도 통계청이 공식적으로 분류하고 있는 직종만 1천 2백여 가지가 넘는 것으로 알려져 있습니다. 그래서 혹자는 이렇게 말합니다.

"가장 이상적인 사회는 전문가들이 각자의 분야에서 열심히 일하는 사회지만, 전문가나 비전문가가 대충 일하는 사회도 바람직하다고는 할 수 없어도 비전문가가 열심히 일하는 사회보다는 위험하지 않다."

그러면 스님은 어떤 분야의 전문가일까요? 물론 출가 전에 익힌 전공도 있겠으나, 출가한 다음에는 두 말할 나위 없이 부처님의 가르침에 따라 공부하고 그것을 대중에게 설법하는 일, 즉 수행과 전법傳法일 것입니다. 재가在家가 스님을 존경하고 삼보三寶로 받드는 것도 스님들은 바로 수행과 전법의 전문가이기 때문입니다. 그리고 스님은 세속의 명리를 포기하고 수행과 전법이라는 전공에 매진하는 거룩한 존재들이 아니십니까?

그런데 요즈음은 자기 전공은 하지 않고 세속의 가요나 춤 등, 대중예술에 빠진 스님이 있는가 하면, 역학이나 무속, 심지어 정치나 사회 활동이 전공인 스님들이 많습니다. 그리고 더욱 한심한 것은 재가자들도 이처럼 엉뚱한 전공에 몰두하는 스님들을 더 따르고 있습니다. '우리 스님은 가수야', '우리 스님이 얼마나 용하다고', '우리 스님은 무슨 단체의 위원이고 실력자야' 라고 자랑을 합니다. 사실 스님에겐 그게 흉이지 결코 자랑할 일이 아닙니다. 물론 그것이 중생제도를 위한 방편이라 주장하기도 하지만, 부처님도 말리신 일을 방편이라는 명분으로 굴리는 것은 옳지 않습니다. 또, 자기 전공은 부실한데도, 단순히 취미정도를 넘어 남의 전문영역까지 기웃거리는 것은 세속世俗에서도 졸부들이나 하는 짓으로, 자신은 물론 이 사회에도 결코 도움이 되지 않는 일입니다.

지금은 작은 절 살림도 그렇지만 종단을 운영하는데 여러 분야의 전문가가 필요한 시대입니다. 정치·경제·사회·문화·예술 등의 다양한 전문지식을 필요로 하는 업무들이 절에도 상존하기 때문이지요. 예를 들어 법률이나 세무 등은 어지간한 종단에서는 전문가를 따로 배치해도 될만큼 활용도가 큰 분야이고, 심지어 스님들의 본업으로 여겨지는 포교와 문화재 관리 분야에도 심리·엔터테인먼트·역사·유물 관리 등, 다양한 분야의 전문지식을 필요로 합니다.

그런데 전문가를 고용하거나 적어도 외부 자문을 받아야 하는 그런 일들을 불교 집안에서는 대부분 비전문가인 스님이 처리합니다. 종단이나 대형 사찰의 의사결정에 일정부분 재가가 참여하는 종단과 사찰이 있지만, 대부분은 막강한 권력을 가진 스님들이 모든 것을 결정하고 집행합니다. 재가종무원들이 집행부에 있어도 그들은 솔직히 스님들의 심부름이 고작입니다. 더구나 전문적인 식견과 능력을 필요로 하는 언론·교육·문화기관 등의 대표와 이사는 물론이고, 심지어는 실무직까지도 비전문가인 스님들이 차지하려 합니다. 그러니 우리 불교가 발전할 수 있겠습니까? 종단에 따라서는 아직 전문가를 고용할 형편이 못돼 스님이 소임을 맡을 수밖에 없는 경우도 있겠지만, 이 문제는 재가의 전문 인력을 적절히 활용하면 문제가 없으리라 생각됩니다. 특히 재가는 자신이 종단의 일원으로 불사佛事에 참여하는 것을 부처님 은혜 갚는 일이라고 영광스럽게 여길 것입니다.

그런데 왜 스님이 다 하는 것일까요? 왜 재가와 함께하지 못하고 그들에게 기회조차 주지 않을까요? 대승大乘의 승가는 사부중四部衆이라 가르치면서 한국불교에서 대부분의 종단에는 왜 우바새 우바이가 보이지 않는 것일까요? 재가를 정인淨人으로 두어 절 살림을 하게한 전통을 지금은 왜 볼 수 없는 것일까요? 요즈음은 자급자족하던 농경사회가 아닙니다.

재가의 전문 인력을 활용하여 불교발전의 동력으로 삼아야 합니다. 종단을 진정한 사부중으로 구성하여야만 비전문가의 무모한 열정으로 야기되는 위험을 최소화할 수 있습니다.

어른의 이름을
함부로 불러서야

사람은 태어나면서 이름을 가집니다. 평생 자신을 가리켜 부르는 일 컬음이라서 한번 지으면 바꾸기도 쉽지 않아 아주 신중하게 짓습니다. 그래서 대개는 부모나 집안의 어른이 지어주기도 하지만 작명학作名學을 신봉하는 사람들은 돈을 주고 짓기도 합니다.

그런데 예전에는 실명경피實名敬避라고 하여 어른의 이름을 함부로 부르지 않았던 때가 있었습니다. 생전에는 함銜이라하고 죽은 다음에는 휘諱라고 하는 실명을 어쩔 수 없이 불러야 할 때는 'O'자, 'O'자하고 이름이 아닌 글자를 말합니다. 지금까지도 어른의 이름을 부를 때는 이렇게 하는 풍속이 남아있는 것도 이 때문입니다. 물론 임금은 신하를, 스승은 제자를, 그리고 부모는 자식의 실명을 부를 수가 있었지만, 그렇더라도 자字나 호號, 또는 관직으로 부르는 것을 더 품위 있는 것으로 여겼습니다. 반대로 아랫사람이 손위에게 자신을 지칭할 때는 반드시 자신의 실명을 대야 했지요.

예전에는 상대방의 실명을 함부로 부르는 것을 그 사람을 얕보는 것으로 알았습니다. 그래서 본래의 이름을 두고도 어려서는 아명兒名을 쓰고, 성년이 되면 자를 썼던 것이지요. 이러한 유풍은 중국에서 전해 내려온 것으로 보이지만, 우리나라에서는 신라 때 설총의 자가 총지聰智라고 하니, 이미 삼국시대부터 시작되었던 것이 아닌가 생각됩니다.

아명은 어릴 적에 막 부르는 이름이어서 실제로 전해지는 기록이 별로 없지만, 세종대왕의 아명이 막동莫同이었다고 합니다. 간혹 고상하게 지은 아명도 있지만, 대개는 아이가 태어난 순서나 신체적 특징을 나타내는 글자, 심지어는 가축이나 살림살이의 이름을 따서 짓는 경우도 많았습니다. 예를 들어 선동·후동·칠봉·팔룡 등은 태어난 순서에 따른 이름이고, 몸에 점이 있다고 해서 점동·점순, 커서 복이 많으라고 복동·복순, 심지어는 송아지·삼태 등과 같이 짐승이나 살림살이의 이름도 흔했습니다. 이는 유아사망률이 높던 시절에 '천하게 불러야 오래 산다'는 속설 때문에 어릴 적 이름을 그렇게 부른 것입니다.

성인이 되어 관례를 올리면 아명 대신 자라고 하는 이름을 가지게 되는데, 이조차 혈연지간이 아니면 쓰기를 꺼려 일종의 별명인 호를 많이 썼습니다. 벗이나 사제간에 허물없이 부르는 호는 스승이나 친구가 지어주는 경우도 있지만, 자신이 직접 짓는 경우가 많았습니다. 그래서 호가 하나인 경우도 있지만, 여럿을 가지기도 하지요. 조선조 후기의 문인 김정희金正喜는 추사秋史말고도 완당阮堂·예당禮堂·시암詩庵·선객仙客·불노佛奴·방외도인方外道人·과파果坡·동국유생東國儒生·동이문인東夷文人과 같은 별호가 1백 개도 넘었다고 합니다.

이러한 실명경피 풍속은 불가佛家에서도 예외가 아니었습니다. 다만 신라 때 원효元曉·의상義湘·자장慈藏 스님들의 이름이 법명法名이니, 법호 쓰기는 고려시대 이후에나 유행한 것으로 보입니다. 고려 때는 대부분의 스님들이 법호法號를 가지고 있었고, 조선조에 들어와서 이런 풍속이 더욱 유행하였던 것으로 보입니다. 예를 들어 조선불교의 중흥조인 휴정(休靜, 1520~1604)스님은 법호가 청허清虛지만 별호인 서산西山으로 더 알려져 있고, 당시 스님에게는 흔치 않았던 현응玄應이라는 자도 있었습니다. 그리고 풍악산인楓岳山人·두류산인頭流山人·묘향산인妙香山人·조계퇴은曹溪退隱·병로病老 등의 많은 별호를 가졌지요.

출가하여 삭발염의한 수행자는 세속의 이름을 버리고 불가의 이름인 법명을 씁니다. 법명이 공식적인 실명이라서 세속의 함자처럼 상대가 함부로 부르면 안 되기 때문에 법호로 호칭을 합니다. 그래서 스님들의 이름을 표기할 때는 태고보우太古普愚, 청허휴정清虛休靜, 경허성우境虛星牛, 퇴옹성철退翁性徹 등과 같이 법호와 법명이 열거하여 네 자를 다 쓰기도 하지만, 부를 때는 태고·청허·경허·퇴옹 스님이라고 해야 올바른 표현입니다. 지금도 대부분 스님을 법명이 아닌 법호로 호칭하는 있는 것도 이러한 이유 때문입니다.

그런데 어찌 된 일인지 요즈음은 다른 스님들은 법호로 부르면서 불자들이 가장 존경하는 퇴옹 스님은 불경스럽게도 법명인 성철로 부르는 것이 일반화되었습니다. 보통 사람도 아닌 성인의 실명을 우리가 함부로 쓰고 있는 것입니다. 물론 실명경피의 풍습이 지금은 거의 자취를 감추었다고는 하지만 아직도 어른의 실명을 입에 담지 않는 것이 예의인데, 만인의 존경을 받는 퇴옹 스님의 법명을 우리가 함부로 부른다는 것은 아무리 생각해도 잘못된 일이 아닌가 생각합니다.

사실 개인적으로는 실명경피가 중국에서 들어온 풍속인데다가, 지금 세상에 이름이 하나면 되지 자나 호가 있어야 할 이유가 없다는 생각을 가지고 있습니다. 더구나 원효·의상·자장도 법명이므로, 실명으로만 호칭하는 것이 옳다는 생각을 합니다. 그러나 이러한 원칙이 정해지고 법명을 부르는 것과 그렇지 않고 법명을 부르는 것은 분명히 다릅니다.

더 이상 무례를 범하는 일이 없었으면 합니다.

우리말에 깃든
불교문화

'단박에 얼추 했으니 참 대단하다'는 말의 뜻을 이해하십니까?

여기서 '단박'은 스님들이 수계나 참회의례의 갈마羯磨 용어인 단백(單白, 사안이 경미하여 그 자리에서 바로 끝냄)이 변한 말로 '그 자리에서 다', '한번에'라는 뜻입니다. 그리고 예전에는 불모佛母가 불상의 조각이나 탱화, 그리고 단청을 모두 잘해야 했습니다. 그런데 이 세 가지를 다 배우지 못하고 두 가지만 할 줄 아는 사람을 어축魚軸이라고 했답니다. 이 말이 '거의 다'를 의미하는 '얼추'가 된 것이지요. 세 가지를 다 잘하는 사람은 금어金魚라고 했답니다. 또, '대단'은 부처님을 모신 상단上壇이 신중이나 영가를 모시는 중단과 하단보다는 높고 규모도 크며, 공양물도 많이 올리기 때문에 이 말이 '크고 엄청나다'는 의미의 '대단하다'가 된 것입니다. 이처럼 우리말에는 불교의 얼과 문화가 녹아 있습니다.

산스크리트어나 팔리어로 된 부처님의 말씀을 구마라습(鳩摩羅什, 343
~413)과 현장(玄奘, 600~664)이 중국에서 한문으로 번역한 때가 대략 1천
6백~1천4백 년 전입니다. 그리고 불경佛經이 우리나라에 들어오기 시작
한 시기는 이보다 늦은 삼국시대일 것으로 추정됩니다. 세계에서 그 유
례를 찾을 수 없을 만큼 불경의 간행과 편찬이 왕성했던 고려시대를 거
치면서, 당시 식자층의 언어는 당연히 불교용어가 그 기반이 되었을 것
임은 누구도 의심할 여지가 없습니다.

고려 말에 성리학性理學이 들어오면서 유학儒學의 언어가 등장하기 시
작했으나 이 말들도 이미 불교의 영향권에 있었음은 두말할 나위가 없
습니다. 그리고 개화기에 신학문과 함께 유입된 것으로 보이는 지금의
일상어들도 대부분은 고전의 표현을 응용하고 있으므로 그 뿌리는 불
교에서 찾아야만 합니다.

그럼에도 우리는 우리말의 어원을 바르게 이해하지 못하고 무분별하
게 사용하여 원뜻과 다르게 쓴다거나, 때에 따라서는 전혀 다른 의미로
변질된 경우를 종종 발견하게 됩니다. 이런 현상은 불교를 배척하던 조
선시대를 거치면서 더욱 심화되었고, 최근에는 종교 간 경쟁과 갈등이
고조되면서 우리가 쓰는 일상의 언어에서조차 편을 가르고, 그것이 내
말이라고 우기고, 또 그를 왜곡하여 국어사전까지 오염시키고 있음을
종종 발견하게 됩니다.

사실 '교회·성당·천당·장로·집사·전도'와 같은 기독교의 기본용어조
차 불교에 뿌리를 둔 말임에도 '심금'이니 '건달'이니 '다반사'니 하는 말

이 불교용어라고 기독교인이 써서는 안 된다고 우기는 목사가 있습니다. 또, '참회'라는 불교용어가 국어사전에는 '죄를 뉘우쳐 하느님에게 고백하는 일'로 정의하고 있을 만큼 우리말의 왜곡과 오염이 심각한 수준입니다.

이처럼 안타까운 현실을 접하면서, 과연 불교에서 유래한 우리말이 어떤 것이 있고, 또 얼마나 되는지가 궁금했습니다. 그러나 안타깝게도 우리말 어원사전이나 일부 신문과 잡지에서 밝혀놓은 것들이 고작 50여 단어를 넘지 않았고, 우리말 속의 불교용어를 따로 모은 책에서도 2백여 어휘가 전부였습니다. 불교학은 물론, 어문학을 다루어 본 일이 없는 문외한이지만, 그저 이런 호기심과 사명감 때문에 여러 종류의 우리말 사전을 샅샅이 뒤지고 이를 불교사전과 그 뜻을 비교하면서 불교에 뿌리를 둔 우리말 어휘 6백여 단어를 정리하여 『불교에서 유래한 상용어 사전』을 2011년에 불광출판사를 통해 출판하였습니다.

그 가운데 많이 알려지지 않은 재미있는 몇 가지 말을 예로 들어보면 다음과 같습니다.

각색脚色   승려의 이력을 적은 문서인 각하색물脚下色物의 준말.

고쳐 쓸 수 있다는 의미가 있음.

강당講堂   절에서 경經과 논論을 학습하는 큰 방이나 건물.

개발開發   다른 사람을 깨닫게 하는 일. 불성佛性을 열어 깨닫게 한다는 뜻.

교회敎會   부처의 가르침을 믿는 사람들이 예불하고 법문을 듣는 모임.

기와   산스크리트어 가팔라kapala를 한자로 개와蓋瓦로 음역한 것이 기와가 됨.

내색   눈·귀·코·혀·몸으로 인식한 것. '내색하다'와 같이 씀.

모양·소리·냄새·맛·촉감은 외색外色이라고 함.

단위單位   선방에서 각자의 이름을 붙여 정한 자리.

함부로 고치지 못한다는 의미가 있음.

사랑   '상대하여 끊임없이 생각하고 헤아리다'는 뜻의 사량思量이 변한 말.

삭신   몸을 말하는 색신色身이 변한 말. '삭신이 아프다'와 같이 씀.

성당聖堂   법당이나 불당을 가리키는 말.

천주天主   하늘나라의 임금. 3계界 16천天의 각각의 제왕.

행각行脚   수행자가 이곳저곳을 돌아다닌다는 뜻.

사전 출판 이후에도 '공치다, 내공內空, 두각頭角, 몸뚱이, 물주物主, 상대相對, 색마色魔, 습관習慣, 업둥이, 영생永生, 자유自由, 작가作家, 정제, 종자種子, 진리眞理, 차례次例, 향수香水, 회통會通' 등도 불교에서 유래된 말임을 확인했습니다.

불교 지명地名
지키기

청량淸凉은 부처님의 지혜가 맑고 시원한 것이 찬물과 같음을 비유적으로 표현하는 찬탄의 말입니다. 그래서 청량은 절 이름은 물론 지명으로도 널리 쓰이고 있습니다. 예로, 경북 봉화의 청량산은 부처님의 지혜를 상징하는 문수보살께서 상주하시는 산으로 여겨, 온 산의 봉우리들이 불교이름이었습니다. 그런데 1544년 봄, 풍기군수 주세붕周世鵬이 '불경佛經의 말과 음란한 이름은 청량산 선경仙境에 대한 모독'이라는 이유로 청량산 열두 봉우리 가운데 열 개의 이름을 제멋대로 바꾸었지요. 그래서 주봉인 의상봉은 장인봉으로, 보살봉은 자소봉, 그리고 치원봉은 금탑봉으로 바뀌어 지금에 이른 것입니다.

하지만 아무리 숭유崇儒, 배불排佛의 시대라도 예전부터 사람이 살아오던 땅이름은 함부로 바꾸지는 않았습니다. 왜냐하면, 지명에는 우리의 역사와 문화가 살아 숨 쉬고 있기 때문이지요. 그래서 선비들은 꾀를 내어 지명에 나타난 불교 색을 지우기 시작했습니다. 이를테면, 절을 뜻하는 寺사를 沙나 舍·泗·巳·糞 따위로 바꾸어 쓰던가, 寺에 言을 더해 詩시로 썼던 것입니다. 또 彌勒미륵을 彌力미력이라 하거나 地藏지장을 '芝莊'이나 '支壯', 그리고 龍華용화를 '龍化'로 쓰기도 했습니다.

그리고 일제강점기에는 행정개편이라는 미명하에 엄청난 불교지명이 사라지거나 왜곡되기도 했습니다. 전라도 익산군과 광산군에 있던 제석면帝釋面, 미륵면彌勒面, 극락면極樂面이 없어진 것이 바로 이때이고, 엄청난 불교지명이 행정구역 통폐합과 함께 훼손되었습니다.

사실, 불교를 국교로 했던 삼국과 고려시대를 거치면서 온 나라는 땅이름만으로도 불국토였습니다. 조선조의 『신증동국여지승람』에 나타난 불교 관련 지명을 보면 불타·불암·불견·불족·불대·불정·불명·불모·불용·천불·미타·문수·관음·미륵·지장·나한·가섭·화엄·도솔·반야·보리 따위로, 웬만한 불교용어가 다 등장합니다. 그리고 필자가 조사한 바로도 현존하는 지명 가운데 불교 말이 약 5백여 가지에 달합니다. 그뿐만이 아닙니다. 1960년대에 조사된 충청북도 단양군 영춘면에는 '절골'이란 지명이 무려 80여 곳이나 되는 것으로 밝혀진 바가 있습니다. 사람이 거의 살지 않았던 두메에 골짜기마다 절이 있었던 것이지요.

불교의 암흑기라 할 수 있는 조선 5백 년 동안에 이루 헤아릴 수 없이 많은 훼손이 있었지만, 이렇게라도 버텨온 것은 지명이 가지는 강인한 생명력 때문이었습니다. 지명은 자신이 태어난 유래와 그 지역의 역사와 풍속을 고스란히 이름 속에 담고 살아온 생명체입니다. 그래서 불교나 유교의 지명이라도 함부로 그 생명을 끊을 수 없는 것입니다. 더욱이 유형의 문화재뿐만 아니라 우리의 역사와 전통을 면면히 이어온 지명도 소중히 간직하고 보전해야만 하는 문화유산이 아닙니까?

그런데 이런 유산을 수백 년, 아니 천 년을 넘게 지키고 써온 지명을 하루아침에 생매장하는 일이 벌어졌습니다. 이것이 종교 편향의 의도에서 비롯된 것이라면 2001년에 인류 최고의 문화재인 아프가니스탄의 바미얀 석불을 폭파한 탈레반 정권과 다를 바 없는 폭거이고, 그런 동기가 아니었다면 정말로 무지몽매하고 한심한 정부가 아닐 수 없는 일입니다. 그러나 결과는 종교 편향이 유독 심한 지난 이명박 장로 정권에서 결코 있어서는 안 될 일이 일어났다는 점에서 의혹의 눈길을 떨칠 수 없습니다.

어떻게 수백 년 써온 보현리와 관음리를 팽개치고 '가마들길' '갈올길'로 바꿀 수 있습니까? 어떻게 천 년을 써온 가야면의 이름이 시장길에 의탁해서 목숨을 부지한단 말입니까? 5백 년을 넘게 지켜온 서울 종로구 법정지명의 80%를 사라지게 한 정부의 처사를 어떻게 이해할 수가 있습니까? 도로명주소에서 해당 지역의 수많은 길 이름을 숫자로 대신하면서 그 가운데 하나라도 본래의 지명을 부여하면 될 것을, 왜 깡그리 없애려 하는지 도저히 이해할 수가 없습니다.

정부가 이미 법으로 제정하여 시행에 들어간 도로명주소법은 우리 세대를 역사와 전통을 말살한 죄인으로 만드는 악법이라 하지 않을 수가 없습니다. 더욱이 이런 일들이 불교를 핍박하는 외도들의 소행으로 비롯된 결과로 의심되는데도 불교계가 이를 까맣게 모르고 있었고, 또 알고서도 침묵하는 것을 보면 참으로 분통이 터져 참을 수가 없습니다.

문화재 보호를 명분으로 막대한 국가 예산을 지원받는 불교계가 민족문화수호를 위한 5대 결사운동을 펼치고 있으면서, 정작 우리도 모르는 사이에 또 다른 전통문화의 왜곡과 말살이 소리 없이 자행되고 있습니다. 그런데도 침묵하고 있는 것은 참으로 표리부동한 일이 아닐 수 없습니다.

이를 바로 잡으려고 필자는 헌법재판소에 도로명주소법에 대한 위헌 심판 청구소송을 제기하고, 심리를 기다리고 있습니다.

영취靈鷲는
영축으로 읽어야

경남 양산의 통도사通度寺는 신라 때, 자장율사께서 중국에서 귀국하시며 부처님의 사리와 금란가사(金襴袈裟, 금실로 짠 가사)를 모셔 와서 금강계단에 봉안했다고 해서 불지종찰(佛之宗刹, 부처님 종가)이라고 합니다. 그리고 통도사를 품고 있는 산을 영축산이라고 하는데, 아마도 통도사가 세워지고 나서야 붙여진 이름이 아닐까 생각합니다. 왜냐하면, 영축이란 말이 불교용어이기 때문입니다.

지금부터 2천 6백여 년 전, 인도에서 부처님이 1만 2천의 대중을 모아놓고 『법화경法華經』을 설법하셨던 곳을 영축산靈鷲山, 또는 영산靈山이라고 합니다. 그 당시 중인도 마갈타국의 왕사성 동북쪽에 있는 깃자꾸

타(기사굴산, 耆闍堀山)를 한자로 의역하여 영축산이라고 했습니다. 산에 신선들이 살았다고 해서, 신령스런 독수리가 있었다고 해서, 또 산봉우리가 독수리의 모습과 흡사하다고 해서 그렇게 불렀다고 합니다.

이 산의 남쪽에는 시다림(尸茶林, 죽은 이의 주검을 버리는 숲)이 있어서 독수리들이 그곳에서 사람의 주검을 먹고 살기 때문에 그 독수리를 신령스럽다고 했답니다. 그리고 『법화경』 서품에서는 이 산을 인도 말인 '기사굴산'으로, 제바달다품에서는 한문인 '영축산'으로 기술하고 있습니다. 그리고 부처님께서 『법화경』, 『무량수경』 등, 많은 경전을 이 산에서 설하시기도 했지만, 부처님의 사촌동생이자 제자인 데와닷따(諸婆達多)가 승단僧團을 자기가 차지하려고 이 산에서 큰 바위를 굴려 탁발을 끝내고 돌아오시는 부처님을 시해하려 한 곳이기도 합니다.

그런데 영축에서 독수리를 뜻하는 '축鷲'을 지금 우리의 한자 자전字典에서는 '취'와 '추'로 읽습니다. 그리고 축이 '나갈 취就'와 '새 조鳥'가 합쳐진 글자여서 추보다는 취로 읽는 것이 일반적이고, 더구나 불교에 대한 이해가 부족하면 그렇게 읽기가 쉽습니다. 이와 같이 불가佛家에서는 자전에서는 찾을 수 없는 음音으로 읽는 글자가 종종 있습니다. 물론 대부분이 범어를 음독한 경우이긴 하지만 道場도장을 도량으로 읽는다든지, 諦체를 제, 幀정을 탱, 喝갈을 할로 읽는 경우도 마찬가지입니다.

왜 불가에서 취를 축이라고 읽는지에 대한 정확한 근거는 알려지지 않고 있습니다. 다만 불교가 시작된 인도를 서축西쪽이라 하고, 이를 꽃피운 신라新羅를 동축東쪽이라고 부른 데서 '부처의 나라'를 뜻하는 축과 글자는 다르지만, 음이 같아서 그리했을 것이라는 추측이 있을 뿐입니다. 그러나 1463년에 간행된 『법화경언해』에는 鷲축의 중국 발음이 추에 가까운 한글로 표기되어 있고, 1664년의 자전인 『유합類合』에는 축과 추, 두 가지 음으로 실려 있습니다. 그러니 적어도 지금처럼 취로 읽지는 않은 것이 분명합니다.

어찌 되었든 불가에서는 오래전부터 영축으로 써왔고, 지금도 대부분의 사전은 물론, 국립중앙박물관 등의 학술기관에서도 그렇게 읽고 있습니다. 그리고 2001년에는 영축산이 소재한 경남 양산시가 당시 영취산, 취서산, 축서산 등, 여러 가지의 다른 이름으로 불리던 산 이름을 문헌 고증을 거쳐 영축산으로 통일한 바가 있습니다. 다시 말해서 학술기관은 물론 행정기관까지도 축으로 읽고 있는 것입니다. 그런데 전통문화를 수호한다는 불교계가 오히려 자기 말인 영축을 버리고 영취를 쓰고 있는 것은 참으로 납득하기 어려운 일입니다.

봄이면 진달래로 유명한 여수 흥국사의 영축산은 지금은 영취산이 되었습니다. 양산 통도사는 영축을 지키고 있는데 여수 흥국사는 그러지 못한 것이지요. 또 서울 성북구 정릉에 있는 영추사(영축사)는 그동안 잘 써오던 바른 이름을 버리고 최근에 영취사로 개명하였으니 이 노릇을 어찌해야 할까요? 그런데 더욱 답답한 것은 영축을 동국역경원의 『불교사전』에서는 '영추'로, 홍법원의 『불교대사전』에서는 '영취'로 적고 있습니다. 그리고 두 사전 모두 영축을 '영추 또는 영취의 다른 이름'이라고 말도 안 되는 설명을 하고 있는 것입니다. 본래의 음을 불교계가 스스로 서자 취급하고 있으니 참으로 답답한 노릇입니다.

예로부터 영축이란 말은 불교의 말이라서 많은 산과 절의 이름으로 쓰였습니다. 양산 통도사, 여수 흥국사, 순천 흥왕사, 그리고 전북 장수군과 경남 창녕군 등에서는 산 이름으로 쓰였고, 삼국유사에도 기록된 울산 영축사, 백담사의 옛 이름인 영축사, 그리고 충주·부산·포항·순창·서울 등에서는 절 이름으로 쓰였을 만큼 영축은 우리에게 아주 익숙한 불교용어입니다.

또한, 영축은 대부분의 박물관이나 학술단체에서도『법화경』이나『영산회상도』등을 설명하면서 일반적으로 통용되고 있습니다. 그런데 어찌 된 영문인지, 비록 지금의 자전에는 음이 사라지고 없지만, 오랫동안 불가에서 영축으로 써왔고 학계는 물론 대부분의 식자층도 그렇게 알고 있는 용어를 오히려 불교계가 모르고 있다는 것은 아무리 생각해도 어처구니없는 일입니다.

지금이라도 불교계가 잘못 읽고 있는 영취를 영축으로 바로잡아야 합니다.

7장

수레는 사라지고
산도 무너지다

필자가 불교를 만난 다음부터 선지식善知識을 찾아 구도했던 여정입니다.
실은 찾은 것이 아니라 찾아오셨다고 해야 맞는 말입니다.
왜냐하면 그 때는 목표의식은 물론 구도열정이 없었으니까요.
그런데도 큰 스승들을 만난 것은 엄청난 가피이자 행운이었습니다.

불교와의
조우遭遇

청주를 품은 우암산牛岩山 중턱에는 용화사龍華寺라는 절이 있었습니다. 지금은 대한불교수도원으로 이름이 바뀌었지만, 전에는 보은에 교구본사인 법주사法住寺가 있었어도 도청소재지에 위치한 용화사가 충북불교의 중추적인 역할을 담당했던 것으로 기억합니다.

대학 새내기 시절이던 1968년 봄, 친구와 용화사로 봄나들이를 갔습니다. 봄이면 버드나무처럼 가느다란 가지가 휘늘어지는 능수벚꽃이 아름다운 용화사는, 청주를 가로지르는 무심천변의 논 가운데 있던 퇴락한 고려시대의 사찰(예전 용화사, 지금은 법주사 말사) 주지였던 벽산(碧山, 1914~1987) 스님이 포교가 용이한 이곳에 다시 개산開山한 절입니다. 예전에 사찰이 있던 터이기는 하지만 특별한 유물이 없어서 볼거리가 없었지요. 그래도 당시 청주에는 변변한 사찰이 없는데다 우암산을 오르는 길목이라서 시민들의 발길이 끊이지 않았습니다.

그날 경내를 둘러보다 대중방에 50여 명의 젊은이들이 머리가 하얀 양복차림의 노신사의 강의를 열심히 듣고 있는 모습을 보았습니다. 방문이 열려 있어서 툇마루에 엉덩이를 걸치고 강의에 귀를 기울이니, 귀가 번쩍 열리는 소리가 들립니다.

"『반야심경般若心經』에서 색즉시공色卽是空이란 말은 물질과 에너지가 같다는 말이고, 불생불멸不生不滅은 물리학의 에너지보존법칙과 같은 이치입니다."

그리고는 아인슈타인의 상대성 원리가 어떻고, 질량보전이 어떻고 하는 것이 아니겠습니까?

사실, 예학禮學을 숭상하던 유가儒家 집안의 10대 종손으로 태어나 불교에 대한 지식은 물론이고, 관심조차도 거의 없었습니다. 그리고 종교라는 것이 무언가 허구성이 강한 신비주의적인 가르침으로만 여겼던 터라, 불교가 물리학과 다르지 않다는 말이 놀랍기도 하고 호기심이 생겼습니다. 그래서 그 다음 주에는 대중방 한자리를 차지하게 되었고, 결국은 대학을 마칠 때까지 거의 빠짐없이 일요법회와 수요일 저녁의 구도법회에 참석하는 열성(?) 불자가 되었지요.

그러는 동안 한국대학생불교연합회 충북지부장 소임도 보고, 군에 입대해서도 당시 보병사단에 군승은 없고 군목만 있던 시절에 사병신

분으로 사단장에게 종교차별을 건의하여 법회를 할 수 있도록 하기도 하였습니다. 그때 사단장이 사단강당을 법회장소로 내주어 일요일에는 신병교육대를 훈련병을 포함한 사령부 법회를 직접 주관하고, 평일에는 정훈교육시간에 사단 예하부대 내무반을 돌며 불교를 홍포하는 불교군종 법사 역할을 하였습니다.

필자를 불교에 귀의하는 인연을 주시고, 군에 입대할 때까지 가르침을 주신 분은 당시 학생법회에서 설법을 하시던 노신사인 환성幻星 홍봉희(洪鳳喜, 1906~1975) 법사님입니다. 소설 임꺽정의 작가이자 월북하여 김일성 정권의 부수상이 되었던 벽초 홍명희와 종형제지간이셨던 법사님은, 사범학교를 졸업하시고 잠시 교편을 잡기도 하셨지만, 종형과 연좌되어 사회활동에 제약을 받게 되자, 석유사업에 손을 대 충북에서 손꼽히는 갑부가 되기도 하였습니다.

그 후 한국전쟁을 겪으시며 사업도 손을 떼어야 하는 상황을 맞자 『주역周易』과 같은 고전古典에 심취하셨고, 또 일가견을 이루기도 하셨지요. 그러다 『벽암록碧巖錄』을 접하고 뒤늦게 불교에 귀의하시어 스스로 '무하유노인無何有老人'이라 부르며 오로지 참선에만 전념하셨습니다. 충북 괴산의 소문난 천재가문 출신이라서 비록 불교공부는 늦었지만 금세 당신의 살림을 가질 만큼 선지禪旨가 뛰어나셨던 환성법사님은 당시 청주에 머무시던 백봉白峯 김기추(金基秋, 1908~1985)거사와도 교류하시며 거량하셨던 걸출한 선객이었습니다. 그리고 승찬僧璨대사의 『신심명信心銘』을 국내에서는 처음으로 한글로 번역하시고 이를 1969년도 대불련 해인사 여름수련회에서 설법하시기도 하셨지요.

청소년 포교를 위해 평생을 사신 용화사 주지 벽산스님이 환성법사님의 그릇을 알아보시고 용화사로 모셔 20여 년을 함께 학생법회를 함께 이끄셨습니다. 벽산스님은 이미 1960년대 초반부터 중·고등학생법회를 개설했을 만큼 청소년에 대한 전법에 열의가 크고, 선구자적인 안목을 가지셨던 분입니다. 청주불교의 어머니가 벽산스님이라면 환성법사님은 아버지입니다.

그런데 필자가 군에 입대한 사이에 법사님은 스스로 삭발염의하시고 서울 화계사에 주석하시면서 숭산행원(崇山行願, 1927~2004) 스님을 도와 대학생과 청년법회를 지도하다 1975년 세수 70세에 입적하셨습니다. 군에서 막 제대하면서 화계사로 찾아뵌 것이 마지막이었고, 그 후에는 입적하신 사실조차도 알지를 못했습니다.

철없던 시절에 필자에게 불교와의 인연을 주시고, 올바르게 이끌어 주셨던 큰 스승이시지만, 기억하는 것이라고는 오직 참선하라고 경책하시던 모습만 눈에 선한 못난 제자입니다.

대불련 해인사
여름수련대회

대학 새내기 시절인 1968년 여름, 한국대학생불교연합회의 여름수련대회가 해인사에서 열렸습니다. 그때 청주에서 해인사를 가는데도 하루가 꼬박 걸렸지요. 냉방시설이 없던 시절, 삼복더위에 덜컹거리는 버스를 타고 흙먼지 날리는 비포장도로를 종일 달려 도착한 해인사는 지친 중생을 큰 감동으로 맞이했습니다. 당시에는 상상도 못 했던 어마어마한 절의 규모며, 이름만 듣던 팔만대장경, 그리고 많은 스님들이 무리지어 공부하시는 모습 등이 참으로 신기했습니다.

이튿날 수련대회 입재식이 있고 나서 학생들이 웅성거리기 시작했지요. 방장스님의 법문을 듣기 위해 3천배를 해야 하는 문제로 논란이 분분하다가 결국 하기로 하고 나서 그 유명한 퇴옹·성철(退翁性徹, 1912~1993)

스님을 뵐 수 있었습니다. 사실 그때 3천배를 하지 않으면 누구도 만나주지 않는 스님을 두고 불교계의 비판이 많았습니다. 사람을 찾아다니며 전법을 해야 할 처지에 찾아오는 사람에게 3천배를 강요하는 것이 말이 되느냐는 것이었지요.

방장스님은 매일 오전에 한차례 설법하시러 처소인 백련암白蓮庵에서 큰절로 내려오시는데, 스님은 멀쩡한데 당시 작은 체구의 시자스님은 숨을 헐떡이고 땀을 정신없이 흘렸습니다. 대적광전에서 내려다보면 좌측에 있는 건물 큰 방에서 설법을 듣는데, 법석에 앉으시면 마치 마루 밑의 고양이처럼 반짝이는 눈빛이 청중을 압도하였고, 쩌렁쩌렁한 목소리와 경상도 특유의 사투리가 어울린 말투는 충청도 사람이 알아듣기에는 정말 쉽지 않았습니다.

그때 방장스님께서는 불교와 과학을 주제로 법문을 하셨는데, 색즉시공·불생불멸·일체중생실유불성·윤회 등의 불교 핵심사상에 대하여 물리학과 심리학 등의 과학적 이론을 근거로 설법하셨습니다. 그 당시 방장스님의 법문은 불교계에 엄청난 반향을 일으켰던 것으로 기억합니다. 보통 대중법문을 잘하시지 않던 스님이 학생을 위해 특별히 법석에 앉으셨으니 스님들도 함께 공부했지요. 그리고 산문山門을 나가지 않으신다는 스님께서 과학서적은 물론 전문 저널까지 보신다는 말씀을 전해 듣고 혀를 내둘렀습니다.

불교에 입문한 지, 채 반년도 안 될 무렵이었으니 당시 퇴옹스님의 법문은 불교를 확실한 믿음으로 각인시키는 결정적인 계기가 되었습니다.

그리고 동곡일타(東谷日陀, 1929~1999) 가산지관(伽山智冠, 1932~1912) 스님과 박성배 교수의 경전강좌를 통해 참으로 많은 것을 배울 수 있었습니다.

수련대회가 거의 끝나갈 무렵 방장스님과 약속한 3천배가 대적광전에서 시작되었습니다. 죽비에 맞춰 일사불란하게 시작된 절은 1천배를 넘자 박자가 흐트러지기 시작하더니 2천배에 이르자 탈락하는 사람들이 나오기 시작했지요. 이를 악물고 몇백 배를 더하니 몸이 도리어 가뿐해져 3천배를 모두 채울 수 있었습니다.

말이 3천배지, 향 30개를 내놓고 백팔염주가 한 바퀴 돌면, 향 하나를 피워 30개를 모두 소진해야 하니 240배는 덤입니다. 게다가 절하는 방식이 오체투지라서 이마가 바닥에 닿아야 하고, 일어설 때는 손을 합장하고 종아리의 힘만으로 일어나야 해서 여간 힘든 것이 아니었지요. 그것을 한두 시간도 아니고 10시간이나 해야 하니, 이는 사람의 힘으로는 도저히 할 수 없는 일이었습니다. 정말 신심信心이라는 정신력이 더해져야 해낼 수 있는 수행이 3천배라 생각합니다.

절하는 중간마다 스님들이 양동이에 타온 간장물로 수분을 보충하고, 점심은 흰죽으로 때우면서 아침 일찍 시작한 절이 저녁때가 돼서야 끝이 났습니다. 그때 3천배를 마쳤다는 성취감은 이루 말할 수 없었지요. 그리고 그 감격은 지금까지도 자랑스러운 삶의 자량資糧이 되고 있습니다. 절을 마치고는 엄청나게 가파르고 높은 대적광전의 계단을 엉금엉금 기어 내려와야 했습니다.

지금 되돌아보면 당시 열흘 동안의 수련이 일생에 가장 소중한 경험이었던 것으로 생각됩니다. 대학 1학년인 어린 시절이기는 했지만 삶의 참뜻을 이해하고 그 목표를 정하는 기회가 되었기 때문이지요. 그리고 당시 생불生佛로 회자되던 방장스님을 친견하고 또 귀한 법문을 들을 수 있었던 것도 소중한 인연이었습니다.

이듬해에도 대불련 여름수련대회가 또 해인사에서 개최된다기에, 지난해의 감동이 너무 벅차 다시 참가했습니다. 그러나 그때는 무엇을 공부했는지, 퇴옹스님이 무슨 법문을 하셨는지 기억에 남는 것이 없습니다. 다만, 또다시 3천배를 했는데, 정말 힘들이지 않고 거뜬히 마친 기억이 납니다. 학생들 절하는 구경을 하시던 스님과 신도 분들이 '저 학생은 땀도 안 난다'고 신기해 할 만큼 쉽게 3천배를 했답니다.

그 후 45년이 지난 올여름, 한국교수불자회의 여름 수련회가 열린 사흘 동안 필자는 말할 수 없는 감회에 젖었습니다. 그동안 해인사를 찔끔찔끔 들린 일은 있었어도 새벽 3시에 일어나 예불하고 공부한 적이 없었으니 그럴 수밖에. 아침 예불을 끝내고 캄캄한 산길을 더듬어 백련암과 지족암을 찾아 퇴옹과 동곡 스님의 체취를 새벽안개와 함께 느껴보는 것도 참으로 엄청난 행복이고 감동이었습니다.

초발심을 하기까지
30년

대학원을 졸업하고 경기도 수원의 한 연구소에서 공부한 전공지식으로 먹고살아야 하는 직장생활이 시작되었지요. 지금 생각하면 푸념이지만, 박봉의 연구직 국가공무원으로 종갓집 종손의 책임을 다한다고 아이 넷을 낳았더니 사는 일이 녹록하지 않았습니다. 그럴수록 더욱 부처님께 의지하고 기도해야 하는 것을 당시에는 몰랐지요. 그러는 사이 대학과 군 시절에 그렇게 왕성했던 불교에 대한 열정도 자신도 모르게 식어있었습니다. 그러나 부처님에 대한 믿음이 약해진 것은 아니었습니다.

늘 간직하던 좌우명이 하나 있었지요. 불자라면 모두가 아는 칠불통계七佛通戒입니다.

제악막작(諸惡莫作) 나쁜 짓을 하지 말고,
중선봉행(衆善奉行) 착한 일을 받들어 실천하라.
자정기의(自淨其意) 스스로 마음을 깨끗하게 하는 것,
시제불교(是諸佛敎) 이것이 모든 부처님의 가르침이다.

'그래 이렇게 하면 되지. 절에 나가고 안 나가는 것이 중요한 것이 아니라 자신의 실천이 중요한 것이다. 종교라는 것이 사람답게 살라고 사람이 창안한 것이 아닌가? 그러니 어떤 경우든 종교가 세상사를 앞서서는 안 된다. 교회나 절에 다닌다고 세간을 외면하는 것은 참다운 종교인이 아니다'라고 하는 제 나름의 종교관이 있었습니다.

그래서 법회도 나가지 않고, 그저 1년에 한 번 부처님오신날이 아니면 오가다 법당에 들려 참배나 하는 건성불자가 되고 말았지요. 아마 지금도 많은 분들이 이런 부류의 불자들이 아닐까 생각합니다. 남의 비판을 받지 않을 만큼 세상을 살면서 열심히 일하고, 가끔 절에 나가 자신과 가정을 위해 복을 빌고, 다음 세상에 행복한 곳에 태어나기를 염원하는 것으로 만족하는 불자들 말입니다.

그러기를 어언 30년, 참으로 인생의 황금기를 허송하였습니다. 물론, 세간의 공부를 더 해서 박사학위도 받고, 해외유학도 하고, 교수도 되고, 또 나름대로 열심히 연구도 해서 제법 논문도 쓰고 저술도 했지요. 그리고 '제악막작하고 중선봉행'하라는 부처님의 가르침을 그런대로 실천하려 노력도 했습니다.

그러던 어느 날 저녁, 수원 화성華城의 야경을 본다고 팔달산의 수어장대守禦將臺에 올랐는데, 눈 아래 펼쳐지는 시가지가 온통 빨간 십자가의 바다처럼 보였습니다. 사실 그 무렵이 불교방송 법당을 비롯해 전국 사찰 등에서 외도外道에 의한 훼불사건이 기승을 부리던 때였습니다. 불교가 핍박받는 상황을 목격하면서 뒤늦게 정신을 차렸지요. 그래서 용주사 수원포교당의 거사림 법회에도 나가고, 그 사이 직장을 대학으로 옮기면서 소속대학에서 사라진 불교학생회를 중창하고 지도하는 일에 나서기도 했습니다. 그러나 이런저런 인연으로 견고히 지속되질 못했습니다.

그나마 다행인 것은 늦게나마 '자정기의'에 눈을 뜬 것이지요. 사실 '제악막작 중선봉행'은 성인聖人은 누구나 하신 말씀이고, 학교에서도 배우는 평범한 윤리적 규범입니다. 그러나 '자정기의'는 불교에나 있는 최상의 수행목표라는 사실을 그때 알았습니다.『단경壇經』에 '마음이 깨끗한 것이 부처(心淸淨曰佛)'라고 한 것처럼, '자정기의'는 바로 부처가 되라는 말씀이자 해탈이고 열반이란 사실을 알게 된 것이지요.

그래서 불교에 입문하고 처음으로 참가비를 내고 대한불교조계종 수선회의 참선교육과정에 등록했습니다. 수선회는 전통 간화선의 '이뭣고'화두를 드는데, 한 번도 빠짐이 없이 열심히 따라는 했지만, 참선의 일반적인 상식을 전달받는 데 그쳤을 뿐, 화두공부에 대한 간절함을 느끼기에는 공부하는 사람의 신심도, 교육방법도 충분하지 못한 것으로 생각되었습니다.

그렇게 세월을 보내던 중, 재직하던 대학에서 소속 학과가 폐과되는 상황을 맞게 되었지요. 그런 덕분에 교수로는 조금 이른 나이에 퇴직하면서 소일을 핑계 삼아 시작한 것이 출세간 공부였고, '자정기의'를 실천하는 계기가 되었습니다. 그러나 시간이 있다고 공부가 되는 것은 아니었습니다. 시간이 있을 때나 없을 때나 향상向上이 없는 것은 마찬가지였습니다. 그래서 공부는 동기유발, 즉 발심發心이 문제이지 시간이 문제는 아닌 것으로 보입니다. 의상義湘조사『법성게法性偈』에 '초발심시변정각(初發心時便正覺, 처음 발심한 그때가 바른 깨달음을 이룬 것)'이라는 말씀도 바로 동기유발을 의미하는 것이 아닙니까? 그러니 내가 부처되기로 마음먹는 것, 내가 '자정기의' 하기로 마음먹는 것이 바로 정각을 이루는 것과 같다는 말이지요.

대학 시절 배운 흡연습관을 20여 년이 지나도록 단절하지 못했습니다. 담배를 끊으려 할 때 가장 힘들었던 것은 중독된 흡연습관을 참는 것이 문제가 아니라 담배를 끊어야 하느냐 마느냐를 결정하는 것이었습니다. 사실 담배 말고는 달리 좋아하는 기호품이 없었고, 술은 물론 주전부리도 좋아하지 않아서 '담배를 버리면 무슨 낙樂으로 살까' 하는 고민이 컸습니다. 그래도 끊는 것이 옳다는 결심, 즉 발심을 하고 나니 담배는 저절로 끊어졌지요.

불교공부도 발심이 우선입니다.

얼굴이 곱상해서
참선하기 틀렸다

2007년 가을, 고양 홍국사의 거사림 도반이 선지식善知識이신 활산성수(活山性壽, 1923~2012) 스님을 뵐 기회가 있다고 해서, 서울 세곡동에 있는 법수선원을 찾았습니다. 여기저기 불사佛事가 진행되고 있어서 경내境內가 어수선한데도 스님께서는 미수를 훨씬 넘기신 노구에도 보살님의 부축을 받으며 찾아오는 불자들을 요사에서 맞이하셨습니다.

법명을 받으러 오신 분, 삶에 고민을 털어놓는 분들, 그 끝에 삼배를 드리고 나니, 대뜸 스님이 물으십니다.

"처사處士는 도道를 배우러 왔는가?"

"그렇습니다."

"도를 배우려면 도가 무엇인지 알고 배워야지?"

"사람 사는 게, 도 아닙니까?

이 대답에 한참 제 얼굴을 보시더니,

"처사는 얼굴이 곱상해서 참선하기 틀렸다."

하시는 것이 아닙니까? 얼굴을 곱상하게 보아주신 것이 고맙고, 마땅히 드릴 말씀도 생각나지 않아 피식 웃으며, 평소 궁금해하던 재가在家의 수행법에 대해 여쭈어 보았습니다.

"처자식 데리고 쉽게 닦는 법이 있습니까?"

그러자 스님의 수행담 이야기보따리가 풀렸습니다.

젊어서 원효元曉대사와 같은 큰 도인이 되고 싶어서 범어사를 찾아가 산문 앞에서 '큰스님 나오라'며 호기를 떨었다고 합니다. 스님들과 멱살잡이를 하던 중에 정말 큰스님이 나와 통도사 극락암으로 인도해 주셨는데, 그때 나이가 열아홉이었고, 큰스님은 동산혜일(東山慧日, 1890~1965)스님이었다고 합니다.

출가한 다음, 공부하러 해인사엘 갔는데, 당시 소임을 맡고 있던 청담(靑潭, 1902~1971)과 구산(九山, 1909~1983)스님이 공양주供養主 소임을 맡으라고 해서 못하겠다고 버티다가 조실祖室이신 효봉(曉峰, 1888~1966)스님에게 불려갔답니다. 조실스님 또한 '하심下心을 하려면 공양주를 해야 한다' 하시기에, '상심上心도 모르는데 무슨 하심이냐, 나는 도道를 배우러 왔으니 그런 일 못 한다'고 떼를 썼답니다. 그러자 효봉스님께서 한참을 생각하시다 '그럼 무無자가 도이니 7일 안에 해결 지어라'고 하셨답니다. 그런데 아무래도 7일은 자신이 없어 이칠일을 달라고 하자, 효봉

스님께서 '그럼 이칠일 내로 해결 못 하면 내 주장자에 맞아 죽어도 이의가 없다는 각서를 쓰라'해서 각서 쓰고 화두공부를 시작했답니다.

그렇게 퇴설당堆雪堂에 입실해서 '효봉스님에게 맞아 죽을 수는 없다'는 각오로 밥 먹고 잠자는 것도 잊은 채 오로지 화두참구만 하는데, 3일이 되자 몸 전체가 벌겋게 달아오르더랍니다. 분한 마음에 해우소에서 온종일을 쪼그려 앉아서 공부하기도 하고, 그러던 어느 날, 저절로 열이 내리고 몸과 마음이 상쾌해지더랍니다. 그래서 조실스님께 달려가 무자도無字道를 가져왔다고 하니 스님께서는 '그것은 도가 아니다' 하고 되 물리기를 몇 차례, 분한 마음에 '그러면 조실스님의 도를 내놓으라'고 한 달 동안이나 씨름했다고 합니다.

'도를 이루려면 모든 것을 포기할 만큼 각오가 되지 않으면 안 되고, 누구를 만나던 묻고 배우기를 우선해야 한다'는 요지의 말씀이셨습니다. 그런 신심과 강단剛斷이 있는 사람이어야 참선공부가 가능하다는 말씀입니다. 그런데 얌전이나 떨면서 처자식 돌보며 편안히 공부하는 법이나 찾았으니 어디 스님의 눈에 들 리가 있었겠습니까? 부끄러운 마음에 더 여쭙고 싶은 용기도 나지 않았습니다. 그래도 이런 말씀이라도 듣는 것이 큰 인연이고 행운이라 생각하고 하직인사를 드렸습니다.

지금 생각해보면 그때, '참선하기 틀렸다'는 스님의 말씀에 발끈하여, 스님이 하신 것처럼 멱살이라도 잡고 '공부하고 얼굴이 무슨 상관이 있느냐'고 따졌어야 했습니다. 그런데 피식 웃고 말았으니 하근기下根機는 어쩔 수 없나 봅니다.

활산스님은 대한불교조계종의 총무원장을 두 번이나 역임하신 바가 있고, 종단의 전계대화상傳戒大和尙으로, 서울 법수선원, 함양 황대선원, 산청 해동선원 등을 개산하시어 납자衲子들을 지도하셨습니다. 총무원장 재임시절에는 당시 김현욱 서울시장을 신도회장으로 영입하고 모든 구청장들을 부회장을 시켰던 유명한 일화가 있을 만큼 포교 열정이 많으신 분이었지요.

활산스님을 뵌 것이 계기가 되어 열심히 공부하자는 동기는 유발되었지만, 재가로서 화두공부는 쉽지 않았습니다. 집에서는 소란한 외경계가 한 시간은 고사하고 그 절반도 앉아 있을 수 없게 하고, 외경계가 잠잠해지면 항상 발목을 잡고 있는 세상사에 대한 번뇌가 끓어올라 한순간도 화두를 온전히 챙길 수가 없었습니다. 또 몸이 쉽게 조복調伏하지 않는 것도 문제였지요. 쉽게 발이 저리고, 때로는 허리와 가슴이 아팠습니다.

그렇다고 처자식을 둔 사람이 만사 제쳐놓고 선방禪房에 방부를 들일 수도 없는 일. 부처님께서 왜 재가를 공작과 같고, 출가를 기러기와 같다고 하셨는지를 알 수 있었습니다. 그래서 지금도 출가하신 스님들이 한없이 부럽고 존경스럽습니다. 참선이 안 되면 마음집중이 쉬운 염불이나 주력·사경·절이라도 해야 했는데, 이는 하근기의 수행법이라고 거들떠보지도 않았으니 참으로 어리석은 중생이었지요.

거북이 뼈는
왜 살밖에 있을까

2008년 봄, 육군 제1공병여단 법왕사 법회를 마치고 헐레벌떡 정릉 삼보정사로 달렸습니다. 그날이 청봉청운(靑峰淸韻, 1937~2011)선사께서 삼보법회에서『선문촬요禪門撮要』법문을 마치시고 소참 시간에 화두를 내리시기로 한 날이었기 때문입니다.

대학 새내기 시절 처음 불교에 입문할 때부터 선객禪客이셨던 환성(幻星,洪鳳喜) 법사의 영향으로 불교공부는 참선이 전부로 알았습니다. 그렇다고 참선공부를 제대로 해본 기억이라고는 수련대회에서 용맹정진한답시고 몇 차례 밤을 새운 것이 전부였지요. 그동안 여러 가지 화두를 참구했지만, 평생을 실험으로 증명되지 않는 것은 진리가 아님을 가르치고 공부한 자연과학도로 살아온 습기(習氣) 때문인지, 화두를 재단하고 논리적으로 풀려는 생각으로 공부에 향상이 없었습니다. 그래서 스님께 이러한 사실을 말씀드리고 어찌 공부해야 할지를 지도받고 싶었습니다.

청봉스님께서는 일찍이 서울 성동구에서 동아병원을 운영하시며, 한때 대한불교청년회장도 역임하시고, 수많은 보살행을 실천하셨던 분입니다. 스님께서 어느 날 한 연예인 불자와의 인연으로 조계종 종정이셨던 수덕사 혜암현문(惠庵玄門, 1884~1985) 선사를 처음 뵙고는 이내 그분의 유발 상좌가 되셨다고 합니다. 그 후 치열한 수행 끝에 혜암선사의 전법제자가 되시어 경허 → 만공 → 혜암으로 이어지는 덕숭문중(德崇門中)의 가풍을 이으셨습니다. 특히 올곧은 수행과 출, 재가를 가리지 않는 전법행으로, 인터넷에 '장군죽비' 카페를 열에 수천의 납자들과 문답하시고, 요즈음은 보기 드문 무차선(無遮禪) 법회를 열어 누구든지 거량하는 호쾌함을 보이신 선지식(善知識)이셨습니다.

삼보선원에 도착하여 삼배를 마치니 스님이 하문(下問)하셨지요.
"그동안 어떻게 공부했습니까?"
"스스로 무자(無字)화두도 해보고, 어느 스님에게는 마삼근(麻三斤) 화두, 또 '이뭣고' 화두도 받아 참구했는데, 무자화두는 일체중생실유불성(一切衆生悉有佛性)이라는 부처님 말씀도 옳지 않으니 조주스님이 '무'라한 것이 이치에 맞지 않느냐는 생각이 앞서고, 마삼근은 '저는 체구가 적어 두 근 반이면 되는데'라는 생각에 화두가 잡히지 않았습니다."

라고 말씀드리니, 스님께서 이르셨습니다.

"화두를 아는 사람이 화두를 내려야 하는데, 그렇지 못한 사람들이 선객입네 하고 화두를 남발하는 것이 문제입니다. 그러니 요즘에는 선승禪僧이라는 사람들이 교학승들이나 심지어는 대학교수들에게조차 절절매는 것이지요. 자, 이제부터는 지금까지 들었던 화두를 모두 내려놓고 교학도 내려놓고, 내 얘기를 잘 들으세요.

어느 학인이 풀밭을 기어가는 거북이를 보고 스승에게 묻기를 '모든 짐승은 뼈가 살 속에 있는데, 거북이는 왜 바깥에 있습니까' 하고 여쭈니, 스승은 말없이 짚신을 벗어서 거북이 등 위에 올려놓았습니다. 이 도리가 무슨 뜻입니까?"

그때 문득, 거북이의 뼈가 왜 살 밖에 있는지를 따지는 것이나, 그렇다고 신을 벗어 거북이 등에 올려놓는 것은 사리에 맞지 않는 쓸데없는 짓이라는 생각이 들어서, 깔고 앉은 방석을 빼 들고는,

"방석은 깔고 앉는 것인데 제가 지금 머리에 이고 있다고 한다면 답이 되겠습니까?"

하고 대답하니, 잠시 멈칫하시더니, 되물으셨습니다.

"그 말은 화두가 쓸데없다는 말이지요?"

순간 말문이 꽉 막혔습니다. 이미 의중을 꿰뚫고 계신 스님의 안목에 기가 죽어 어찌 대답해야 할지 몰랐습니다. 그리고는 지난 1천여 년간 중국과 우리나라 불교의 근간이 되었던 간화선을 쓸데없다고 부정을 한 것이 경솔했다는 생각이 들어,

"꼭, 쓸데없다는 뜻이 아니라…."

하고 말을 흐렸지요. 그러자 스님께서 곧바로 말씀하시기를,

"뜻을 알고 한 대답이라면 맞는데, 모르고 한 대답이니 화두를 참구하세요. 수수께끼 풀듯 참구해 보세요. 이것 못 풀면 성림(性林, 필자의 법명)이 아니라 칠통漆桶입니다."

사실 그때 순간적인 행동이었지만 도리를 알지 못하면서 이치로 따져서 한 대답이었습니다. 말도 안 되는 학인學人의 질문에 스승이 말도 안 되는 대답을 한 것이라서, 필자 역시 말도 안 되는 답을 보인 것인데, 왜 그때 '그렇습니다. 쓸데없는 것이 맞습니다' 하고 자신 있게 대답하지 못했는지 무척 후회를 했습니다.

그 후 거북이 짚신 화두를 들고 한 2년을 씨름했습니다. 피나는 수행은 아니었지만 매주 세 차례씩 삼보선원에서 도반들과 앉아도 보고, 틈틈이 참구해 보았지만, '답은 맞는데 모르고 한 답'이란 스님의 말씀에 걸려 도무지 진전이 없었습니다. 모르고 했어도 그 답 말고는 달리 답을 구하지 못하겠다는 생각이 늘 화두를 앞질렀지요. 그러던 어느 날 화두 한답시고 앉아서 아무런 소득이 없이 세월만 허송하는 자신의 모습을 발견하고는 문득, '한국불교가 이러다가 이 지경이 된 것이 아닌가?' 하는 생각에 이르렀고, 결국 참선을 그만 접었습니다.

부처의 삶을 살려고 노력하다 보면 결국 부처에 이를 수 있는 것이 아닌가?

수불修不 스님을
만남

참선을 그만두고 포교와 전법이 곧 수행이라는 일념으로 군 불교에 매진했습니다. 군軍 불교에 전념한 이유라고 특별할 것이 없었지만, 집 가까이에 있는 군 법당에 우연히 참배한 것이 계기가 되었지요. 그리고 군은 전법이 가장 쉽고 효과적인 곳임에도 스님이나 불자들이 크게 관심을 두지 않아 법당이 있어도 법회를 열지 못하는 참담한 상황을 목격하고는 군 불교에 뛰어들지 않을 수 없었습니다.

군 법당의 일요일 정기법회는 물론이고, 폭약을 다루는 부대에서는 무사안전 기원법회도 하고, 영현봉안 부대에서는 복무 중 사망 장병 위령재를 해마다 지내기도 했습니다. 그러던 중에 지원하는 이가 없어 문을 닫은 법당을 수리하여 다시 열기도 하고, 법당을 새로 짓거나 중창하는 불사에도 매달렸습니다.

2011년 가을, 경기도 파주에 위치한 육군 제9보병사단 수색대대 법당을 새로 지으면서, 스님들의 도움이 없이 이루어 보겠다는 다짐을 하고 불사에 애쓰고 있었습니다. 모두 7천만 원이 소요되는 불사에 1천만 원이 부족했습니다. 해마다 한곳씩 연달아 세 번째가 되다 보니 더 이상의 시주를 기대할 수도 없었지요. 그런데 참으로 신기하게도 어느 날 모자란 1천만 원이 통장에 들어와 있는 것이 아닙니까? 그것도 한 번도 뵙지 못한 부산 안국선원 수불스님께서 꼭 부족한 만큼만.

손가락 화두로 간화선 대중화를 이끌고 계신 너무도 유명한 스님이었기에 불사가 아니더라도 한번 뵙고 싶었던 마음이 너무 간절하여 스님 시주는 받지 않기로 했던 결심도 까맣게 잊어버렸습니다. 감사인사를 핑계 삼아 여러 차례 뵙기를 청했지만 뵐 수가 없었지요. 그러던 중 한국교수불자회로부터 부산 안국선원에서 일주일간 간화선 집중수련이 있다는 전갈이 왔습니다. 사실 그때는 참선을 그만둔 데다 2년 전 반신마비를 일으켰던 뇌졸중이 완치되지 못한 탓에 7박 8일의 집중수련이 내심 걱정되었지만 오로지 이 기회에 스님을 뵐 생각으로 만사를 뒤로하고 부산으로 향했습니다.

부산진역에 도착하니 1월의 바닷바람이 제법 쌀쌀했습니다. 지하철로 안국선원에 도착하니 짐도 풀 겨를이 없이 간단한 선원규칙과 수련 일정에 대한 설명 다음에 수불스님의 입제법문이 있었습니다. 우리가 참선을 왜 하는지, 간화선이 무엇이고, 화두가 무엇인지에 대한 간단한 설명 다음에 곧바로 화두를 내리셨습니다.

"오른손 주먹을 들어보세요. 그리고 둘째 손가락을 펴보세요."

모두 스님을 따라 주먹을 들고 손가락을 폈지요.

"지금 무엇이 손가락을 펴게 했습니까? 그 답을 찾아보세요."

그리고 죽비소리에 맞추어 오후 4시에 시작된 참선은 6시 저녁공양을 마치고는 다시 밤늦게까지 이어졌습니다. 잠자는 시간이 따로 정해져 있지 않아서 자기가 하고 싶은 만큼 공부하면 되고, 가부좌를 하거나 의자에 앉거나 누워도 되고, 발이 저리면 뻗고, 졸리면 곁방에서 잠깐 잠을 청하거나 밖에 나와 포행을 해도 상관이 없었습니다. 그리고 그도 저도 싫으면 스마트폰 가지고 놀거나 나가 놀아도 되지만, 앉아서 졸거나 다른 사람의 공부가 방해되는 행동을 해서는 안 됩니다. 그래서 안국선원어서는 죽비나 목탁을 쳐서 시간을 알리지 않습니다. 그 소리마저도 공부에 방해된다고 공양 때만 작은 소리로 알려줍니다.

오랜만에 하는 참선이라서 1시간도 버틸 수가 없었습니다. 발이 저리고, 졸음이 오고, 무엇보다도 날숨과 들숨에 옆구리를 바늘로 찌르는 통증이 반복돼서 도무지 화두에 집중할 수가 없었지요. 게다가 언제 스님을 따로 뵙고 감사인사를 드릴 기회를 엿보느라 생각이 늘 다른 곳에 있었습니다.

그러다 문득 '한국불교가 지난 1천 년은 선禪에 의해 지탱되었다는 사실은 부정할 수 없지 않은가? 그러니 이번 기회에 스님 시키는 대로 참선공부나 한번 제대로 해보자'고 마음먹었지요. 그렇게 하루가 지나고 이튿날 저녁에야 스님에게 질문도 할 수 있는 소참 법문이 있었습니다. 용기를 내서 평소 궁금한 것을 여쭈었습니다.

"안국선원에서 깨달음을 체험한 사람이 2, 3만 명은 된다지만, 깨달으면 부처라는데 여기서 부처가 나왔다는 소식을 듣지 못했습니다. 또 깨달음으로 지혜가 열리고 삼독이 소멸한다고 하는데, 소위 깨달았다고 하는 스님들의 면면을 보면 지혜가 열렸거나 삼독을 여읜 분이라고는 도저히 믿을 수 없는 경우를 자주 접하게 됩니다. 이를 어찌 설명해 주시겠습니까?"

사실 교계의 큰 스님이란 분들의 주변에서 일어나는 불미스런 광경을 종종 접하며, '깨달으신 분이 왜 일을 그리 처리하시는지, 왜 상좌하나 제대로 다루지 못하시는지, 왜 그렇게 인색하신지'를 도저히 이해할 수가 없었던 적이 한두 번이 아니었습니다.

"부처님의 그릇은 감히 혜량할 수 없을 만큼 큰 그릇이지만, 설령 깨달았다 해도 사람마다 그릇의 크기가 다릅니다. 그러니 작은 그릇이라면 그것을 스스로 알아차리고 나서지 말아야 합니다. 큰 그릇이나 작은 그릇에 담긴 물은 같지만, 그릇의 크기는 다르다는 것을 알아야 합니다."

수불스님과의 인연은 그렇게 시작되었습니다.

수레는 사라지고
산도 무너지다

안국선원 간화선 집중수련 2일째 저녁. 한 여성분이 흐느껴 울기 시작했습니다. 대중들 때문인지 작은 소리로 흐느껴 울다가 그치기를 반복했습니다. 또, 한 남자 교수는 심한 경련과 함께 숨을 헐떡였습니다. 그리고 저녁 소참 시간에는 수불스님께서 '여울을 거슬러 오르는 뱃사공처럼', '쇠뿔 속의 쥐처럼', '쥐를 노리는 고양이처럼', '알을 품은 닭처럼', '죽기 아니면 살기로', '호랑이 굴 속으로 몸을 던져라'고 경책하셨습니다.

수련 3일째 아침에 보니 면벽을 하고 미동도 없이 참선에만 집중하시던 한 비구스님과 흐느껴 울던 젊은 보살이 보이지 않았습니다. 수불스님의 점검을 받고 하산했다고 합니다. 어떤 점검이 있었는지 궁금했지만 알 수가 없었지요. 화두에 대한 견처見處가 있으면 아침, 저녁의 소참 시간에 스님께 참문하는데, 남들이 들어서 안 되는 말이라도 나오면 다른 방에서 따로 점검하십니다. 그리고 공부가 돼서 더 머물 필요가 없으면 다른 사람들의 공부에 오히려 방해가 된다고 하산시킵니다.

저녁 참선시간, 숨을 가쁘게 내쉬던 교수가 입에 거품을 토하며 몸을 앞뒤로 흔들어댔습니다. 건강을 해치지나 않을까 염려되어 스님께 달려가 알려보지만 '죽을 염려 없으니 상관 말고 자기 화두나 들어라' 하고 혼나기 일쑤였지요. 또 다른 교수는 마치 접신接神이라도 된 사람처럼 몸을 떨며 이상한 행동을 하자 스님이 할喝로 다스렸습니다.

4일째 아침 참문시간에는 평소보다 많은 질문들이 쏟아졌습니다. '관세음보살을 보았다'거나, '소용돌이치는 강물이 두렵다'는 물음도 나왔지요. 그리고 10여 명이 다른 방에서 따로 점검받기를 청했습니다. 대부분은 망상이라고 하셨지만, 심리학을 전공하시는 여교수는 아침에, 숨을 헐떡이던 교수는 저녁에 하산했습니다.

5일째 아침. 소용돌이치는 물이 무섭다던 교수가 한바탕 난리를 쳤습니다. 주먹으로 방바닥을 치며 소리를 지르기도 하고, 가쁜 숨을 내쉬며 몸을 떨고, 제자리에 앉은 채로 빙빙 돌았습니다. 또, 한 여학생은 깔깔대며 웃어댔습니다. 그리고 그날 저녁 줄잡아 10여 명이 점검을 받고 하산하는 영광을 누렸지요. 그 가운데는 깔깔대며 웃던 여학생도 끼어있었습니다. 집중수련에는 한국교수불자연합회 소속 교수 30여 명과 대부분 학생으로 보이는 안국선원 신도 자제 20여 명, 그리고 비구스님 두 분이 함께했습니다.

6일째 아침이 되니 모두가 점검을 받고 하산했는지 아니면 수련이 힘들어 떠난 것인지 알 수는 없었지만, 선방이 텅 빈 듯 사람이 줄었습니다. 그런데 자신의 공부는 아무런 진전이 없었습니다. '손가락을 펴라고 한 소리(聲境)를 귀(耳根)가 듣고, 이식耳識이 의식意識과 함께 신경계를 자극하여 근육을 움직여서 손가락을 핀 것이 아니냐'는 자연과학도의 논리가 발동되는데다, 그칠 줄 모르는 호흡 통증 때문에 공부는 전혀 향상이 없었지요. 그리고 그런 자신이 정말 부끄러웠습니다.

사실 입재 때 참석교수들을 소개하면서 필자가 '군 불교 활동을 열심히 하시는 법사님'으로 알려진 탓에 몇몇 초심 교수님들의 뒷방 선생 노릇을 했습니다. 그런데 오히려 그들이 먼저 하산하는 상황을 맞게 되니 그 창피함은 극에 달했지요. 얼굴이 붉어지고, 고개도 들 수 없고, 그리고 밥조차 먹기가 정말 부끄러웠습니다.

안국선원의 공양은 일류호텔이 부럽지 않을 만큼 메뉴도 다양한데다가 음식이 정갈하고 맛이 있었습니다. 교수들이 왔다고 특별히 준비했는지는 모르겠지만 정말 힘든 수련임에도 부족한 것이라고는 조금도 없었지요. 그런데 그런 호강을 하면서 법사라는 사람이 학생은 물론 초심자도 마친 숙제를 풀지 못하고 밥만 축내고 있다니, 창피한 마음에 울컥 분심이 솟구쳤습니다. 그리고는 '이 밥값도 못하는 놈은 누구인가?' 하는 의심이 순간 온몸을 감쌌습니다.

아침 공양을 마치고 늘 하던 뒷산 포행도 생략하고 곧바로 좌복에 앉았습니다. 그때 '화두를 든 것으로 믿고 화두를 들라'는 스님의 경책이 들렸습니다. 그리고 온 힘을 다해 화두를 잡으려 발버둥 쳤습니다. 그렇게 화두와 씨름하고 있는데, 문득 소리 없이 웃고 있는 자신을 발견했습니다.

"수불스님이 이걸 보라고 나를 이렇게 고생시키는 거야?"

하는 허탈감 때문이었습니다. 사실 그때 나는 아무것도 보지 못했습니다. 화두를 몰고 죽기 살기로 가다 보니 문득 화두는 사라지고 아무것도 보이지 않았습니다. 그리고 그 순간에는 아무것도 없는 그것이 '밥값도 못하는 이놈은 누구인가'에 대한 답이라는 생각조차 못 했지요.

그런데 갑자기 머리에 천근만근 죄는 철모를 쓰고 있는 것 같은 압박감에 모자를 벗으려 했지만, 모자가 없었습니다. 화두를 한다고 상기上氣되어 그런가 보다 하는 생각에 머리를 가볍게 두드리니 압통壓痛은 이내 사라졌지요. 그리고 신기하게도 들숨과 날숨에 등을 찌르던 통증도 없어지고, 온종일을 앉아도 다리가 저리지 않을 만큼 몸이 개운해졌습니다.

시계를 보니 오전 11시, 화두와 씨름했던 시간이 줄잡이 3시간이 되었던 모양입니다. 아마 그것을 삼매라고 하는지는 모르겠으나 마음으로는 찰나였지요.

맞아죽어도
못하는 말

들고 있던 화두가 사라지고 아무것도 없는 텅 빈 상황의 체험이 신기하기는 했지만, 그것이 깨달음의 체험이라고는 생각하지 않았습니다. 왜냐하면, 역대 선지식들의 깨달음의 순간이 너무도 극적이고 분명한 장면이었음을 자주 들어왔기 때문입니다. 예를 들어 경허성우스님은 동학사에서 '소가 되더라도 콧구멍이 없다'는 소리를 듣고, 그의 제자 만공월면스님은 통도사 백운암의 새벽 종소리를 듣고, 그리고 용성진종스님은 보광사 도솔암, 송광사 삼일암, 또 낙동강 변에서 그것도 세 번이나 깨달았다고 하지 않았습니까? 그리고 깨달음을 얻은 직후의 감격 등이 확연했지 않았습니까?

그저 한 3시간 화두와 씨름하곤 아무것도 없는 텅 빈 상황에, '그까짓 것 보라고 스님이 나를 고생시키느냐'는 체험은 체험이랄 것도 없다는 생각이 들었습니다. 게다가, 전부는 아니었지만, 함께 수련하던 사람들처럼 기이한 반응도 없었기에 그 상황을 다시 한 번 더 확인해보고 싶었습니다. 그래서 저녁 참문에도 스님께 여쭙지 않고 밤새 화두와 씨름했지요.

집중수련 6일째라서 피곤도 했을 테지만 아무리 앉아 있어도 잠이 오지 않고, 다리도 저리지 않았습니다. 이튿날 아침공양 때까지 졸음 한번 없이 발가락이 짓무르도록 꼬박 용맹정진을 했습니다. 그러나 안타깝게도 그런 상황은 재현되지 않았습니다. 좀처럼 화두를 잡을 수가 없었습니다.

7일째 아침 참문 시간에 스님에게 이런 경험을 따로 말씀드렸더니 제 모습을 살피시고는,

'지금은 느낌이 어떠냐'고 물으십니다.

"머리와 가슴의 통증이 사라지고, 온종일이라도 앉아 있을 만큼 몸의 조복을 받았습니다."

나는 그때 공부를 점검하는 거량이 있지는 않을까도 생각했지만, 스님께서는 표정만 보아도 알 수 있다고 하시며 다음과 같은 요지의 당부를 하셨습니다.

1. 외경계外境界에 끄달리지 말고 놓아버리고, 무시하라.
2. 나와 이웃이 하나임을 알라.
3. 교만하지 말고, 깨달았다 하지 마라.
4. 혼자서 화두하지 말고 지관수행을 하라.
5. 금강경, 반야경 등 대승경전 대신 아함경을 보라.
6. 자주 법문을 듣고 정진하라.

7. 자연에 감사하며 살라.
8. 지금 하는 일에 최선을 다하라.

그리고는 '이제, 자신이 변화되고 있음을 스스로 알게 될 것입니다' 하는 말씀에 그동안 잘못된 삶에 대한 회한이 솟구쳐 눈물을 참을 수 없었습니다. 수련을 마치고 상경하는 KTX 열차에서 그때의 심정을 이렇게 적어 두었습니다.

"수레를 몰고 몰아 산정에 당도하니
수레는 간데없고 산조차 무너졌다.
문득 피식 웃고 형상 없는 철모를 벗어버리니
정월의 금정골 솔바람에 몸과 마음이 청량하다."

수불스님은 '간화선을 체험한 사람은 긍정적인 삶을 살고, 정신이 맑고, 잠을 잘 자고, 직장이나 가정생활에 적응을 잘하고, 판단이나 예지능력이 좋아지며, 삶이 바뀐다'고 말씀하셨습니다. 나에게도 실제로 그런 변화가 있는지 감지하기 어려우나, 수련 후 한 보름 동안은 잠을 너무도 잘 잤고, 그리고 굳이 참으려 하지 않는데도 말수가 많이 준 것은 느껴집니다. 또 불은佛恩에 감사하고 그 공덕을 회향하겠다는 마음으로 불사佛事에 매진하고 있습니다.

얼마 후 수불스님께서 월공月空이라는 법호를 보내주셨습니다. 지금은 스님의 말씀대로 화두를 들지는 않지만, 그렇다고 스님이 당부하신 지관止觀 수행도 제대로 못 합니다. 재가가 작은 번뇌까지 소멸한다고 수행만 해야 하는지에 대한 의문도 있고, '보살행으로 부처된다는 것은 송장을 타고 바다를 건너는 것과 같다'는 어느 선사의 말씀도 있지만,

부처에 이르는 길은 불행佛行이라는 소신을 아직 굽힐 생각이 없기 때문입니다.

그런데 최근, 친구 어머님 49재로 충주 석종사에 갔더니, 혜국스님께서 영가靈駕에게 정전백수자庭前栢樹子 화두를 내리시고는 당신께서 이 화두 의문을 타파하고 보니 제행무상諸行無常·제법무아諸法無我·열반적정涅槃寂靜이 확연하여 덩실덩실 춤을 추었다고 하시더군요. 그래서 재齋가 끝난 다음, 뵙기를 청하여 궁금한 점을 스님께 여쭈었습니다.

"스님께서는 화두를 통해 삼법인三法印을 체득하고 기쁨에 겨워 춤을 추었다고 하셨지만, 저는 하도 기가 막혀 헛웃음이 나왔습니다. 제게 무슨 잘못이 있습니까?"

"엉엉 우신 분도 있으니, 춤을 추던 기가 막혀 웃던 문제는 아니지만, 춤추는 놈과 그것을 아는 놈이 따로 있었다면 30방榜입니다."

그리고는 당신의 수행담을 들려주시면서, '아직도 깊은 잠에서는 화두가 성성하지 않다'고 하시기에 다시 여쭈었습니다.

"이미 화두는 타파하셨는데, 무슨 의심이 남아 화두를 드십니까, 그 화두를 일러 주시지요?"

"설사 맞아 죽는다고 해도 그것은 말할 수 없습니다."

스님의 말씀에 답답한 속이 후련해져 기쁜 마음에 삼배를 올렸습니다.

한국불교 중흥을
갈망하며

1960, 70년대에 한국불교의 중흥을 꿈꾸며 지성불교·대중불교·생활불교를 목표로 인재양성과 불법의 홍포에 힘쓰시던 이 시대의 수닷타 장자인 덕산德山 이한상(李漢相, 1917~1984)거사가 계셨습니다. 덕산거사는 대한전척공사, 풍전산업 등을 통해 경부고속도로·팔당댐·섬진강댐·광화문정부종합청사·조흥은행본점·세운상가 등, 당시의 국가 기간시설의 건설을 주도하시던 사업가였습니다. 그리고 대한불교신문사장을 역임하시면서 삼보학회·삼보법회·삼보장학회를 설립하여 불교 인재양성과 불법의 홍포에 앞장서신 것을 물론, 한국대학생불교연합회 총재로서 지성불자를 양성하고, 봉은사 대학생수도원을 통해 국가와 불교를 위한 걸출한 인재를 양성한 우리 불교사에 전무후무한 불교 운동가이기도 합니다.

덕산 거사가 설립하여 초대회장을 맡으셨던 삼보법회는 한국불교중흥을 선도에서 이끌던 재가 신행단체로 한국 최초로 일요법회를 도심에서 열었고, 시민을 대상으로 당대 최고의 강백을 초청하여 불법을 홍포하였으며, 불교합창단을 통한 찬불가 보급, 불교의식과 경전의 한글화와 불교방송 설립에 앞장서는 등의 모범을 보여 왔습니다.

그러나 1971년 덕산거사의 갑작스러운 도미渡美로 해산위기에 있던 법회는 당시 공부에 열중하던 회원들에 의해 어렵게 명맥을 유지하고 있습니다. 지금도 설립이념과 목표를 수지하고 서울 정릉에 어엿한 도량道場을 마련하여 삼보정사·삼보선원·사이버불교대학·어린이집을 운영하는 재가불교단체로 발전하였지만, 교계의 활동은 아주 미약합니다.

1968년 대학 시절에 덕산거사께서 지원하신 삼보장학금을 받은 인연의 지중함이 있어 올 1월에 대한불교삼보법회가 법인화된 이후의 제7대 이사장에 취임하였습니다. 그리고 취임식 때, 다음과 같은 소감과 포부를 말씀드렸습니다.

"1960, 70년대에 우리나라 대부분의 큰 불사를 주도하셨고, 삼보법회를 설립하신 덕산 이한상 거사의 갑작스러운 도미 이후, 지난 30여 년간 법회장소를 전전하는 어려운 여건에서도 이곳 정릉에 정사를 마련하여 그분의 숭고한 뜻과 유업을 잇고 계신 선배 이사장님들을 비롯한 삼보가족 여러분께 무한한 존경과 감사를 드립니다.

작금의 우리 불교는 쇠퇴일로의 위기에 있다고 감히 말씀드릴 수 있습니다. 얼마 전까지도 2천만 불자를 외쳤지만, 이제는 천만도 어려운 형편이 되었고, 서울·인천·전라도 일부지역에서는 불교가 제3의 종교로 밀려나는 수모를 겪고 있습니다. 또한, 전국에서 불교유적이 외도에 의해 훼손되고, 정치·경제·사회·교육·문화 등 모든 분야에서 눈에 보이지 않는 차별과 멸시가 자행되고 있는 상황에도 불자들은 그저 침묵하고 있을 뿐입니다.

호국을 외치던 한국불교가 지금 이처럼 나약한 모습이 된 이유는 불교의 꽃이요, 청정의 표상인 승가가 그 빛을 잃은 지 이미 오래되었고, 대부분의 불교단체와 불자들도 바로 서지 못한 데 있다고 감히 말씀드리고 싶습니다. 저희 삼보법회 역시 7백여 회원이 일요법회에 운집했던 인현동 삼보회관의 이야기는 이제 아련한 전설이 되고 있습니다.

더구나 불교종단들은 제도화가 불교의 정체성을 잠식하고 있음을 잘 알면서도 그 제도를 더욱 굳건히 하여 이권을 취하려는 세력에 의해 장악되고, 승가를 받들고 지켜야 할 재가단체들은 제 몸조차 지탱하지 못할 만큼 부실하며, 또 대다수의 불자들은 불교를 빙자한 혹세무민이 난무해도 정법正法인지 사법邪法인지를 구별하지 못하는 것이 작금의 현실입니다.

그래서 반세기 전, 덕산거사께서 한국불교중흥을 지성불교·대중불교·생활불교를 통해 이루고자 인재양성·교육·포교에 헌신하셨던 그 목표와 열정이 지금도 절실히 요구되는 동시에, 자리自利만 쫓던 승단에 반하여 대승불교가 태동하였던 2천 년 전의 불교에서처럼, 오늘이 제2의 대승운동이 전개되어야 할 시점이라고 생각합니다.

이에 과거 한국불교의 현대화를 선도했던 삼보법회의 역량을 되살려 정법을 수호하고 수행과 전법을 통해 위기의 우리 불교를 바로 세우는 일에 최선을 다하고자 합니다. 그리고 오랫동안 부처님의 법을 바르게 익히신 삼보가족 여러분들이 이 거룩한 불사에 앞장서 주시기를 간곡히 요청합니다. 그리고 부처님께 간절히 발원합니다.

무량한 지혜와 자비의 빛이시고 스승이신 부처님!

무명에 가리어 뭇 중생을 나처럼 품지 못한 어리석음을 깊이 참회합니다. 부처님의 바른 법을 믿고 익히며, 실천하고 증득하기를 바라는 저희가, 온 중생이 행복한 청정국토를 건설하고자 문수보살의 밝은 지혜와 보현보살의 크신 행원, 그리고 관음보살의 대자비를 구족해 가기를 서원하오니, 오늘 이 결심이 퇴전하지 않도록 하옵소서.

삼보의 자존이신 부처님!

저희의 이 소망을 들어주시고, 착한 의지를 북돋아 주시며, 굳건한 사명을 일깨워 주옵소서. 또한, 저희 대한불교삼보회가 이 땅에서 삿됨을 물리치고 부처님의 정법을 드러내어 사바를 정토로 바꾸는 일에 앞장서게 하옵소서. 지금부터 45년 전, 삼보법회 설립 당시의 발원을 다시 한 번 되새기옵니다.

'우리는 모든 선의의 시민들의 법회동참을 환영하고 그것을 권고하며, 그들과 더불어 한결같은 법열을 누리고 나아가 진정한 복지사회 건설에 앞장서는 일꾼이 되기를 서원합니다.'

나무 석가모니불, 나무 석가모니불, 나무 시아본사 석가모니불."

우리의 삶에 등불이 되는

붓다의 가르침

수레는 사라지고
산도 무너지다

펴 낸 날 2015년 12월 2일

지 은 이 박호석
펴 낸 이 최지숙
편집주간 이기성
편집팀장 이윤숙
기획편집 윤일란, 주민경, 박경진
표지디자인 윤일란
책임마케팅 윤은지
펴 낸 곳 도서출판 생각나눔
출판등록 제 2008-000008호
주   소 서울 마포구 동교로 18길 41, 한경빌딩 2층
전   화 02-325-5100
팩   스 02-325-5101
홈페이지 www.생각나눔.kr
이 메 일 webmaster@think-book.com

• 책값은 표지 뒷면에 표기되어 있습니다.
  ISBN 978-89-6489-540-5 03220

• 이 도서의 국립중앙도서관 출판 시 도서목록(CIP)은 서지정보유통지원시스템 홈페이지
  (http://seoji.nl.go.kr)와 국가자료공동목록시스템(http://www.nl.go.kr/kolisnet)에서
  이용하실 수 있습니다(CIP제어번호: CIP2015031727).